项目与绩效考核管理研究

席俊秀　史冶佳　罗爱军◎著

吉林出版集团股份有限公司

全国百佳图书出版单位

图书在版编目（CIP）数据

项目与绩效考核管理研究 / 席俊秀, 史冶佳, 罗爱
军著. -- 长春 : 吉林出版集团股份有限公司, 2022.10
ISBN 978-7-5731-2468-5

Ⅰ.①项… Ⅱ.①席… ②史… ③罗… Ⅲ.①项目管
理－研究 Ⅳ.①F27

中国版本图书馆CIP数据核字（2022）第186700号

项目与绩效考核管理研究

XIANGMU YU JIXIAO KAOHE GUANLI YANJIU

著　　者　席俊秀　史冶佳　罗爱军
出 版 人　吴　强
责任编辑　马　刚
装帧设计　清　风
开　　本　710mm×1000mm　1/16
印　　张　7.25
字　　数　75千字
版　　次　2022年10月第1版
印　　次　2023年4月第1次印刷

出　　版　吉林出版集团股份有限公司
发　　行　吉林音像出版社有限责任公司
　　　　　（吉林省长春市南关区福祉大路5788号）

电　　话　0431-81629667
印　　刷　三河市嵩川印刷有限公司

ISBN 978-7-5731-2468-5　定　　价　48.00元

如发现印装质量问题，影响阅读，请与出版社联系调换。

前　言

随着社会经济的快速发展，项目管理理论不断创新，企业管理创新实践也在广泛开展。与此相适应，现代企业管理所涉及的内容也应及时反映时代的变革要求。

为适应项目管理企业管理实践活动的需要，以及培养现代企业管理人才的要求，笔者在总结多年经济管理教学、科研和实践活动的基础上编写了该教材。企业管理的目的是使企业人力、物力、财力资源得到优化配置，能够以最小的投入获得最大的产出，即在项目运营经营活动中，通过科学组织管理，实现成本低、费用省、效率高、效益好的最佳效果。企业管理的对象就是企业各项资源以及项目运营经营活动的全过程。在企业管理活动中，必须牢牢把握科学发展观，就是要按照客观经济规律办事，要实事求是，认真研究经济规律，研判市场变化趋势，掌握经济活动的主动权，从而抓住市场机会，有效地降低和化解市场风险。

目　录

第一章　现代企业管理与项目运营概述

第一节　项目运营与企业管理

一、企业概述

（一）企业的概念与特征

企业是指从事项目运营、流通和服务等经济活动，为满足社会需要和获取盈利，实行独立经济核算，进行自主经营、自负盈亏，具有法人资格的基本经济单位。企业是个历史性概念，它是生产力发展到一定阶段的产物，是随着商品项目运营的发展而发展的。

正确理解企业的概念，应注意掌握以下三个特征。

1. 企业是具有社会性和经济性双重目的的经济组织

一方面，企业要满足社会的需要（包括政府机关、金融机构、同行业竞争者、协作企业、居民以及其他项目运营经营者的消费需要），承担社会责任，这是企业存在的社会性；另一方面，企业必须盈利，这是企业存在的经济性。获取盈利是企业创造附加价值，为企业自身发展提供必要积累的重要组成部分，是社会对企业提供的产品和服务能否满足需要的认可和报酬，同时也是企业与行政组织、事业组织和其他社会组织的根本区别。

当然，企业在满足社会需要和获取盈利时会产生矛盾，此时企业必须权衡二者间的关系，不仅要为自身谋取利益，而且要肩负兼顾各方面利益的社会责任，还包括要为社会提供就业岗位、防止环境污染、节约使用国家资源等。

2. 企业必须自主经营、自负盈亏

自主经营是指企业能够在国家宏观调控指导下，根据市场需要，自主地对项目运营经营活动以及企业内部管理制度做出决策，并具有组织实施的权利。自负盈亏是指企业能够对其经营后果独立地享有相应权益和承担相应责任的行为。自主经营是实现企业目标和自负盈亏的前提条件，自负盈亏是企业承担权利带来后果的责任和义务，二者是相辅相成的。

3. 企业必须具有独立的法人资格

企业进行项目运营经营活动首先必须具备合法性。所谓独立法人，是指具有一定的组织机构和独立财产，能以自己的名义进行民事活动，享有民事权利和承担民事义务，依照法定程序成立的经济组织。法人一般具有的条件：①必须正式在国家有关部门注册备案，完成登记手续；②应有专门的名称、固定的工作地点和组织章程；③具有一定的组织机构和独立财产，实行独立核算；④能独立对外、自主经营、自负盈亏。

（二）企业的分类

企业根据不同的分类标准可以有许多的分类形式。

1. 按所属的经济部门分类

按所属的经济部门，企业可以分为工业、农业、建筑、交通运输、商业、金融、物资、邮电等企业。这些企业形成国民经济的重要部门，它们为国民经济计划与管理提供了基本依据。

2. 按项目运营资料所有形式分类

按项目运营资料所有形式，企业可以分为以下五类。

（1）全民所有制企业，也就是现在所说的国有企业。其特点是项目运营资料归国家或全民所有，企业作为独立的或相对独立的经济单位拥有法人财产权，根据市场导向的原则进行自主经营、自负盈亏。

（2）集体所有制企业。它是在一定范围内的劳动群众集体占有项目运营资料的企业，是独立的经济单位，自主经营、自负盈亏。在我国目前的集体所有制企业中，又分为城镇集体所有制企业和乡镇集体所有制企业。

（3）私营企业。它是指企业资产属于公民私人所有，以雇佣劳动为基础的营利性经济组织。包括所有按国家法律规定注册的私营独资企业、私营合伙企业和私营有限责任公司。

（4）合营企业。它是指两个或两个以上不同或相同所有制企业或个人共同投入资金、设备及其他资源，通过协议共同经营的企业。合营的形式包括同一所有制或不同所有制的合营、公私合营、中外合营等。合营企业既可以实行共同经营，统一核算，按各自投资的比例分配利润，也可以实行共同经营，统一核算，分别记账，按不同的所有制形式上缴利润和税金后再进行利润分配。

（5）外资企业。它是指外国投资者或企业和其他经济组织与个人，根据我国涉外经济的法律、法规以合资、合作和独资的形式在中国境内开办的企业。外资企业包括中外合资经营企业、中外合作经营企业和外商独资经营企业三种形式。

3. 按项目运营要素所占比重分类

按项目运营要素所占比重，企业可以分为以下三类。

（1）劳动密集型企业。它是指技术装备较低、用人较多、产品成本中活劳动消耗所占比重较大的企业。换句话说，劳动密集型企业是那种单位劳动力占用的固定资产少、活劳动占产品成本的比重大以及资本有机构成较低的企业。

（2）资金密集型企业，也称为技术密集型企业。它是指所需投资较多、技术装备程度较高、用人较少的企业。资金密集型企业同劳动密集型企业相比，一般都具有劳动项目运营率较高、单位产品成本较低、竞争力较强的特征。但它需要大量的资金、先进的技术装备、大量的技术人才，以及相应的配套服务设施才能发挥优势。

（3）知识密集型企业。它是指综合运用先进科学技术成就的企业。这类企业拥有大量的科技人才，需要花费较多的科研时间和产品开发费用，项目运营高、精、尖产品。如大型宇航企业、大规模集成电路企业等。

4. 按规模分类

按规模分类，企业可以分为大型、中型和小型企业。企业规模一般指企业的项目运营能力、机器设备数量或装机容量、固定资产原值和职工人数四个方面。划分企业规模的具体依据随着科学技术水平和项目运营社会化程度的不断提高以及行业不同而有所变化。一般以项目运营要素和产品产量集中程度为依据，按不同行业和部门采取不同标准来划分企业规模。对产品较单一的企业，以产品的项目运营能力为划分标准；对产品品种繁多、难以按项目运营能力划分的，则以固定资产原值为划分标准。

5. 按组织结构分类

按组织结构企业可以分以下四类。

（1）单厂企业。它是指一个工厂就是一个企业，这种企业一般是由在项目运营技术上有密切联系的若干项目运营车间、工段班组、服务单位和管理部门组成。这种企业实行统一经营，统一核算，统一对外联系事务。

（2）总厂。它是指一个企业由若干个为其项目运营某种产品或提供某种服务的分厂所组成，下属分厂接受总厂的统一指挥和协调。由几个分厂组成总厂，不仅便于专业化协作，而且便于授权和管理。这种形式比较适宜规模较大的加工装配行业，如机械行业或电子行业。规模较大的汽车厂均由发动机分厂、底盘分厂、冲压分厂、总装分厂等组成汽车总厂。总厂一般都实行统一经营、分级核算，并授予分厂某些处理对外经营事务的权力。

（3）公司。它是指依照法律规定组织、成立和活动的，以盈利为目的的，具有法人资格的企业。公司应具有三个重要的法律特征：①合法性：公司必须依照法律规定的条件并依照法律规定的程序设立，在公司成立以后，公司也必须严格依照有关法律规定进行管理，从事经营活动；②营利性：公司作为一种企业，应当在通过自己的项目运营、经营、服务等活动为社会作出贡献的同时，取得实际的经济利益；③独立性：公司是具有法人资格的企业，也就是说，法律赋予公司以完全独立人格，公司像自然人一样享有权利、承担义务和责任。

按公司所属企业的项目运营、技术、经济联系分类，可分为专业公司（是指依照项目运营、技术或产品的同一性而组成的公司，如电子工业公司、汽车工业公司等）、联合公司（是指依照工艺过程的前后衔接或有利于物资的综合利用而组成的公司，如钢铁联合公司、石油化工联合公司等）、综合公司（是指依照经营多元化和一体化，以有利于提高经济效益而组成的公司，如农工商贸公司等）。

按公司所属企业地理分布的情况可分为地区性公司、跨地区性公司、全国性公司、跨国公司等。

按公司承担债务清偿责任可分为几类：①无限责任公司，即由两个以上的股东组成，股东对公司的债务负连带无限责任的公司。其主要特点是，在公司资产不足以清偿公司债务时，股东必须以自己的财产清偿公司的债务，负连带无限清偿责任（所谓连带责任，是指公司的债权人可以向任何一个股东要求偿还全部债务）。②有限责任公司，即由一定人数的股东组成，股东以其出资额为限对公司承担责任，公司以其全部资产对公司债务承担责任的公司。③两合公司，即由一个以上的无限责任公司和一个以上的有限责任股东组成的公司，两合公司兼有无限责任公司和有限责任公司的特点，在这类公司中，无限责任股东对公司债务负连带无限责任，有限责任股东仅就其出资额为限对公司债务负有限责任。④股份有限公司，即由一定人数以上的股东组成，公司全部资产分为等额股份，股东以其所认股份为限对公司承担责任，公司以其全部资产对公司债务承担责任的公司。股份有限公司是公司制企业的最高发展形式，目前，我国以有限责任公司和股份有限公司为主要公司形式。

（4）企业集团。它是指以一个或若干个实力雄厚的大企业为核心，以产权连接为主要纽带，并以产品、技术、经济、契约等多种纽带，把多个企业、事业单位联结在一起，形成具有多层次结构，以母子公司体制为主体的，在经济上统一控制、法律上各自独立的多法人一体化的经济联合体。企业集团是企业法人联合体，而不是松散的联合体。

企业集团具有以下特点：①企业组织结构多元化，即企业集团是由多个法人企业联合组成的整体，不是单一的法人经济实体；②企业组织结构多层次，即企业集团的组织结构分为四个层次：核心层、紧密层、半紧密层和松散层；③以资本联结纽带为主，企业集团成员企业通过资本、资产、契约等纽带把它们联结成一个有机的整体，其中，资本纽带是最重要的，它是实现集团公司内部与集团成员企业联结的有效方式；④具备一个实力雄厚、能起主导作用的核心，企业集团的核心层应是实力雄厚、具备法人地位、具有投资中心功能的经济实体，而不是行政性公司，它具有资产实力、资金实力、技术和产品实力，能统一规划集团的投资活动。只有如此，核心企业才能在集团中真正发挥主导作用。

二、企业管理

（一）企业管理的概念

管理是个含义极为广泛的概念，从字面上通俗地解释 "管理就是管事理人" "管理就是管辖和处理" 等。许多著名的专家、学者站在不同角度给出了不同的定义。例如，管理就是决策；管理是在正式组织起来的团体中，通过他人并同他人一起把事情办妥的艺术；管理就是让别人按自己的意愿去把事情办好；管理就是实行计划、组织、指挥、协调和控制等。

综合以上的各种解释，企业管理的定义可以归纳为在一定的社会条件下，企业管理者为了实现企业目标，对企业的人、财、物等各种资源和供、产、销等各个项目运营经营环节所进行的计划、组织、指挥、协调和控制的工作集合。这一定义的主要含义包括几个方面：①管理作为一个过程，是通过计划、组织、指挥、协调和控制等职能来实现的；②管理的对象是组织中的各种资源，包括人力、财力、物力、时间、信息等，还有供应、项目运营和销售等环节，管理的过程就是有效地获得并利用这些资源的过程；③管理的目的在于达到组织的目标；④管理是在一定的环境条件下进行的。

（二）企业管理的性质

1. 企业管理的两重性

所谓企业管理的两重性，是指企业管理一方面具有与项目运营、社会化大项目运营相联系的自然属性，另一方面具有与项目运营关系、社会制度相联系的社会属性。

（1）企业管理的自然属性

管理是伴随着社会项目运营的发展和社会合作分工的发展而产生的结果。只要存在着共同劳动和分工协作就必然产生管理。正如马克思所说："一切规模较大的直接社会劳动或共同劳动，都或多或少地需要指挥，以协调个人的活动。一个单独的提琴手是自己指挥自己，一个乐队就需要一个乐队指挥。"因此，管理是合理组织项目运营过程，使劳动对象、劳动手段和劳动力得以有效组合，形成项目运营的必要条件。管理作为一种独立的社会职能是项目运营发展和社会化大项目运营分工的结果。当项目运营水平较低，社会分工还很不发达，项目运营活动在较小的社会单位完成时，管理尚不足形成独立的社会职能。随着项目运营的发展、社会分工的细化、企业规模的扩大、科学技术的广泛运用，项目运营活动越来越复杂，其社会化程度越来越高。如果没有专门的人从事管理的职能活动，会使得物不能尽其用、人不能尽其才，由协作而发展的社会项目运营就发挥不出最大的效果。因此，管理是进行社会化项目运营所必需的、共有的一种自然属性，这种属性对任何社会制度环境下的企业都是一样的。

（2）企业管理的社会属性

企业的项目运营经营活动是在一定的项目运营关系下进行的，管理也必然要体现出在不同的社会制度、不同的社会文化下的项目运营关系特征。管理要服从项目运营资料所有者的利益和意志，始终是项目运营资料所有者实现某种目的的一种手段。这是管理的社会属性，它是由项目运营关系和社会制度所决定的，在不同项目运营关系的企业存在着根本的区别。社会主义企业管理是维护和完善社会主义项目运营关系，发展社会项目运营力，满足人民日益增长的物质和文化生活的需要。从管理的社会属性分析，社会主义企业管理和资本主义企业管理具有本质上的区别。

（3）企业管理两重性原理的启示

学习和掌握企业管理两重性，对学习、理解、探索企业管理的活动规律以及指导实践，认识解决我国企业管理的实际问题，都具有非常重大的现实意义。

①它可以指导我们正确地组织企业管理活动。根据两重性原理，我们在企业管理实践中，既要注意适应现代化大项目运营的要求和我国现阶段的经济发展水平，科学合理地组织项目运营力，同时也应该重视社会主义

的项目运营目的和民主管理的性质，尊重劳动者的意志和切身利益，维护社会主义的项目运营关系，促进社会主义项目运营力的发展。

②它可以指导我们正确地吸收国外现代先进的管理理论和方法，建立社会主义企业管理理论。发达国家的管理理论、技术和方法是人类长期从事项目运营实践的产物，是人类智慧的结晶。它同项目运营的发展一样，具有连续性，是不分国界的。因此，应该注意学习、引进国外先进的管理理论、技术和方法，根据我国的国情，取其精华、去其糟粕、融合提炼、兼收并蓄、以我为主、自成一家，建立有中国特色社会主义的科学的企业管理理论。

③任何一种管理方法、管理技术和管理理论的出现都是同项目运营力的发展水平相适应的。因此，必须结合自己本部门、本单位的实际情况，因地制宜，灵活运用，才能取得预期的效果。

2. 管理的科学性与艺术性

（1）管理的科学性

由于管理是由一系列概念、原理、原则和方法构成的理论体系，它提供了系统的理论、定量分析的方法，能指导管理人员的实践活动，解决管理实践中的问题，因此，管理存在着内在的规律性、科学性。

（2）管理的艺术性

管理的艺术性是指管理是一项创造性的劳动。管理是艺术，这是管理学科和其他学科的重要区别。如学会了数学就能够解微分方程，掌握了制图技术就能够画出机器图纸等。管理学则不然，背熟了所有的管理原则，也不一定能够有效地进行管理。管理具有很强的技巧性、灵活性、创造性和实践性。正如学校培养不出"成品"厂长、经理来，同样的一件事情，不同的时间、地点、人物，采用不同的处理方法就会产生不同的效果，这就是管理的艺术性。

管理的科学性反映了纷繁复杂事物的规律，强调了理论的指导作用，同时管理理论的有效应用需要创造性的艺术来完成。因此，管理既是一门科学也是一门艺术，它们是相辅相成的有机统一体。

第二节 企业管理的职能

一、管理职能的概念

企业管理职能是指企业管理者为了对系统实行有效的管理所必须具有的职责和功能。管理的职能是体现在管理的实践过程中，企业管理者具备了这种职责和功能，就能够正确处理企业内部的人与人、物与物、人与物之间的各种关系，正确处理国家与企业、企业与社会、企业与消费者及其用户的各种关系，尽可能取得好的经济效益。

管理职能具有普遍性的特点。不论哪一类企业，也不论哪一级管理层次的管理人员，在执行管理工作的过程中，都包含着各种管理职能，只是在内容上、时间上各有侧重。

二、管理职能的划分

由于管理理论工作者和实践工作者站在不同的角度和使用不同的分析研究问题的方法，对管理职能的划分也是众说纷纭，始终没有统一。比较公认的是划分为计划、组织、领导、控制四种管理职能。

（一）计划职能

计划职能是企业管理的首要职能，是其他管理活动的基础。对提高企业的经济效益来说，计划职能十分重要，在企业管理中具有特殊的地位。

1. 计划职能的含义和任务

计划职能是指决定企业目标、规定实现目标的途径和方法的管理活动。它有广义和狭义两种含义。广义的计划职能是指制订计划、执行计划和检查计划执行情况三个紧密衔接的工作程序；狭义的计划职能则是指制订计划。

计划职能的任务就是根据社会的需要以及企业的自身能力，确定企业在一定时期内的奋斗目标，协调和合理安排企业中各方面的经营和管理活动，有效地利用企业的人力、物力和财力等资源，取得最佳的经济效益和社会效益。我们可以通俗地将计划职能的任务和内容概括为六个方面：做什么？为什么做？何时做？何地做？谁去做？和怎么做？（实际上，严格地说，计划职能是一种预测未来、设立目标、决定政策、选择方案的连续过程，一个完整的计划应包括控制标准和考核指标等的制定。

计划职能具有目的性、首位性、普遍性、经济性和创新性五个主要性质。

2. 计划职能的作用

人类社会自21世纪以来，由于项目运营技术日新月异，项目运营规模不断扩大，分工与协作的程度空前提高，企业要不断地适应市场经济环境的变化，只有科学地制订计划才可能协调与平衡多方面的管理活动，求得本组织的生存和发展。计划的主要作用如下。

（1）计划是管理者指挥的依据。管理者在计划制订之后要根据计划分派任务，根据任务确定下级的权力和责任，促使组织中的全体人员的活动方向趋于一致，形成一种复合的、巨大的组织化行为，以保证达到计划所设定的目标。

（2）计划是降低风险、掌握主动的手段。计划是针对未来的，未来的情况是未知的和变化的，尤其是在当今世界处于一种剧烈变化的时代当中，计划是预期这种变化并且设法消除变化对组织造成不良影响的一种有效手段。管理者通过计划职能可以把将来的风险降低到最低限度。

（3）计划是减少浪费、提高效率的方法。计划工作要对各种方案进行技术经济分析，选择最佳的方案，能够消除不必要的活动所带来的浪费，降低成本，提高工作效率，使未来的组织活动均衡发展，实现组织目标。

（4）计划是管理者进行控制的标准。计划职能包括建立和完善目标和指标，这些目标和指标提供了一种标准，被用来进行控制。同时，计划的实施在控制活动中发现偏差，通过反馈又使得管理者不断地修订计划，建立新的目标和指标。

（二）组织职能

"组织"一词，希腊文原意是和谐、协调的意思。在管理学中，组织有两种不同的含义：其一，组织是个实体。组织作为实体可以直观而简单地把它理解成为一家工厂、一所学校、一个机关、一家商店，或一切以人为核心，由多种资源构成的集合体。因此，美国管理学家切斯特·巴纳德（Chester Bamard）将组织定义为具有特定目标，经由分工与合作，而有意识形成的一种责权角色结构。巴纳德认为，组织不论大小，其存在和发展都必须具备三个基本条件，即明确的目标、协作的意愿和良好的沟通。其二，组织是一种行为。组织作为一种行为，是指为了实现其经营目标，把构成项目运营经营活动的基本因素、项目运营经营的主要环节，以有秩序、有成效的方式组合起来的工作。它有两个方面：一是通过组织手段，使企业职工在项目运营经营过程中紧密配合，使人力、物力、财力和技术等资源得到合理利用，使企业的项目运营经营活动按既定的目标协调发展。这部分被称为劳动作业组织和项目运营经营组织。二是根据企业管理对象、任务和目标的复杂程度，将管理系统按协作关系划分为若干个单位和层次，每个单位都相应地配置一定数量和素质的人员，并明确规定单位和人员的分工、权力和责任以及它们之间的信息沟通方式。这部分被称为管理组织。

组织职能是指为了有效地实现组织计划已经确定的目标，在组织中进行资源调配、部门划分、权力分配和工作协调等管理工作。组织职能的目的就是要通过建立一个适于组织成员相互合作、发挥各自才能的良好环境，主要包括四个基本内容：①根据组织目标设计和建立一套组织机构和职位系统；②确定职权关系，建立信息沟通的渠道，从而把组织上下左右联系起来；③与管理的其他职能相结合，以保证所设计和建立的组织结构有效地运转；④根据组织内外部要素的变化，适时地调整组织结构。

组织工作是计划工作的延伸，是使计划得以实施和实现的保证。

（三）领导职能

领导职能是管理者运用权力施展影响，指导组织各类人员努力实现目标的管理活动。领导工作是管理活动中最富有科学性、艺术性的工作。管理者必须提高个人素质，了解个体和群体的行为规律和沟通方式，能够运用激励理论方法调动人的积极性，为实现企业目标而奋斗。

（四）控制职能

1. 控制的概念

在控制论中，控制是为了"改善"某个或某些受控对象的功能或发展需要获得并使用的信息，以这种信息为基础而选出的、施加于该对象上的作用。

管理学中的控制是指按照既定目标和标准，对组织活动进行监督、测量，发现偏差并分析原因，并且采取措施使组织活动符合既定要求的过程。

控制职能是管理者依照计划标准衡量计划的实际完成情况，并采取措施纠正计划执行中的偏差，以确保计划目标实现的管理过程。控制是管理的一项重要职能，任何管理活动都需要控制，从某种意义上讲，没有控制也就没有管理。

2. 控制的重要性

在现代的企业管理活动中，控制的基本目的是要"维持现状"，随着企业内外环境的变化，通过控制随时将计划的执行结果与标准进行比较，当发现有超过计划容许范围的偏差时，则及时采取必要的纠正措施，以使系统的活动趋于相对稳定，确保实现组织的既定目标。控制的第二个目的是要"打破现状"。在变化的内、外部环境会对组织提出新的要求时，主管人员对现状不满，要改革，要创新，要开拓新局面，就势必要打破现状，修改计划，确定新的目标和管理控制标准，使之更先进、更合理。进行控制的根本目的是防止问题的发生。这就要求管理人员的思想应当向前看，把控制系统建立在前馈而不是简单的信息反馈的基础上，在偏离计划的情况出现以前，就能预测到并且能够及时采取措施加以防止。

第三节　企业管理的基础工作

一、企业管理基础工作的概念和意义

（一）企业管理基础工作的概念

企业管理基础工作是指为实现企业的经营目标和有效地执行各项管理职能，提供资料依据、共同准则、基本手段和前提条件等工作的总和。它是组织社会化大项目运营、实行科学管理的客观需要，是搞好企业管理的基础。

（二）企业管理基础工作的意义

基础工作在整个企业管理系统中占有重要的地位，对提高企业经营管理水平和企业素质具有十分重要的意义。

1. 企业管理基础工作是管理工作的起点和基石

企业管理基础工作的完善程度和巩固程度直接关系到管理水平和经济

效益的高低。牢固的管理基础是管理工作的前提和保证，因此管理基础工作的建设必须坚持不懈。

2. 企业管理基础工作与各项专业管理工作是企业管理工作的两大要素

企业管理基础工作和各项专业管理工作都包含于企业管理体系之中，它们互为条件、相互依存、相互制约、有机结合，组成了一个完整的科学管理体系。基础工作为各项专业管理提供数据、信息、标准和资料，是企业管理人员正确执行计划、组织、指挥、控制、协调等管理职能的客观依据。

3. 企业管理基础工作是实现管理现代化的必要条件

实现管理的现代化需要准确可靠的数据资料、科学的定额、明确的标准和严格的制度。

4. 企业管理基础工作是企业管理的依据。

它所提供的各项实际资料是企业进行经济核算、贯彻按劳分配的科学依据，也是正确处理国家、企业和职工三者之间经济利益关系的可靠基础。

二、企业管理基础工作的特点

企业管理基础工作是一项涉及面广、工作量大、变化较多、要求严格的工作，一般具有以下特点。

1. 科学性

企业管理基础工作反映和体现了企业经营活动的客观规律，是一项具有科学内容的工作。企业各项经营管理活动要求建立与之相适应的基础工作来保证各项管理职能的实现。

2. 客观性

企业管理基础工作是一种客观存在、不以人的意志为转移的工作。尊重客观规律，加强基础工作是搞好企业管理工作的前提。

3. 群众性

企业管理基础工作贯穿于企业的项目运营经营活动之中，是企业全体职工共同参与的工作，因而要认真发动和组织群众，使企业管理的各项工作扎根于群众之中。

4. 经常性

企业管理基础工作是一项日常性的工作，它要靠每天、时时、处处坚持不懈地收集信息，积累资料，并不断核查、修订、充实、逐步完善。

5. 先行性

企业管理基础工作要走在各项专业管理工作之前，为企业各项专业管理提供资料、准则、条件和手段，保证企业的经营决策和各项管理工作顺利进行。

6. 系统性

企业管理基础工作的各项内容必须按照经营目标和各项综合管理、专业管理的要求配套组成一个完整的体系，任何一个环节的不适应或内容不配套都会使经营目标落空。

7. 先进性

企业管理基础工作的各项标准和规定要保持合理的先进水平，适时补充、修改和完善，这样对项目运营经营的发展才能发挥积极的推动作用。

8. 变动性

基础工作要保持稳定性，也要随着市场对企业要求的变化不断地修改完善，以满足企业动态发展的要求。

三、企业管理基础工作的内容

（一）信息工作

信息是指对管理工作有用的资料总和，一般包括原始记录、资料、数据和情报等。信息是企业经营决策的依据，是项目运营过程中控制和调节的工具，是沟通项目运营者和消费者的桥梁；信息工作则是对信息的收集、处理、传递、储存等一系列管理活动的总称。

1. 企业信息的分类

（1）按信息来源，企业信息可分为企业内部信息和企业外部信息。企业内部信息来自企业的项目运营经营过程，反映了企业内部拥有的管理、资源、经营条件及其利用能力等，包括项目运营计划、规章制度、人事情况、库存情况、设备状况、产品质量、产品产量、统计报表、产品图纸、工艺规程等。企业外部信息来自企业外部，反映了企业的经营环境，包括市场供求、上级指示、社会需求、消费水平、银行利息、政策法规、科技情报、国内外同行的动态等。

（2）按信息产生过程，企业信息可分为原始信息和加工信息。原始信息也叫一次信息，主要是企业内外部的原始数据、单据和原始记录，如销售额、价格、利润、费用、人员、资金、单据等。原始信息按照管理者既定目标和要求处理后成为加工信息，也叫二次信息，如企业内部的报表、分析商情动态、报告、文件、经济合同、规章制度等。

（3）按信息发出的时间不同，企业信息可分为历史性信息、现实性信息和预测性信息。历史性信息是反映企业活动历史痕迹的信息，是为了帮助人们从历史事件中找到借鉴和启发，以资料形式保存，成为企业档案的信息。现实性信息是反映企业目前活动及其环境特征的信息，其时效性很强，是指导和控制企业目前活动的信息。预测性信息是在利用上述两种信息的基础上，研究并揭示事物发展的一般规律，对企业未来进行预先描述与决策的信息。

（4）按信息稳定程度的不同，企业信息可分为固定信息和流动信息。固定信息也叫查询信息，其特征是在一定时期内相对稳定，不发生根本变化。这类信息包括产品质量、材料、规格、工艺参数等技术标准，也包括材料或能源消耗定额、项目运营周期、产品批量等管理标准。流动信息是反映项目运营经营过程中某个时期或时点状况的信息，如某个日期的项目运营作业进度或某个时期的产量和销售量等。这类信息是不断变更的，时间性极强。

（5）按信息在企业经营中的作用，企业信息可分为决策信息、控制信息和作业信息。决策信息是企业为确定经营目标、经营方针、经营计划所需要的信息。决策信息主要来自企业外部，如国家方针政策、市场供求变化等，一般用于企业进行战略决策。控制信息是企业内部管理人员进行管理控制所需要的信息，其目的是使经营管理过程符合经营目标要求，并监督内部分级目标的实现，它是中层管理人员的管理依据。作业信息是基层管理人员（如车间主任、班组长）进行日常业务和管理活动所必要的信息。

2. 信息工作的基本要求

信息工作的基本要求是要在信息的收集、加工、传递和储存中做到完整、准确、及时、适用和经济。

3. 信息工作的内容

信息工作的内容包括信息的收集、加工、传递、存储、检索和输出六个方面。

（1）信息收集。是指原始资料的收集，是信息工作的起点。凡是项目运营经营活动，就有管理信息，并随着管理活动的发展，不断有新信息需要进行收集。因此，信息收集不是一次就能完成的工作，它经常性地贯穿于管理工作的全过程。

（2）信息加工。它包括对信息的分类、排序、计算、比较和选择等工作。从不同渠道收集到的信息，大部分是原始数据，因此，需要从大量的、粗糙的原始状态信息中，去粗取精，去伪存真，在数量上加以浓缩，质量上予以提高，格式上满足要求，加工为系统化的、有序的、相互联系的管理信息。

（3）信息传递。任何信息都可以传递，管理信息的传递具有明确的目的性。它必须通过特定的传递通道，依照规定的方向，传递到指定的目的地。它是受到管理人员在时间上或空间上控制的一种运动过程。在信息传递中，可供选择的信息传递装置和系统多种多样，在选择时，要考虑信息传递的时间、距离、费用及其效果，还要注意传递的方向、顺序和路线。在信息传递中，要使信息按规定的程序畅通无阻，充分发挥应有的效应。

（4）信息储存。经加工过的信息或信息使用之后，需要将其储存起来，供日后参考使用。储存的信息要根据需要不断更新，建立档案，妥善保管。

（5）信息检索。企业储存的信息随时间的推移会越来越多，为了能在储存的信息中迅速地查找到所需要的信息，就需要有科学的查找方法、方式和手段，这就是信息检索。

（6）信息输出。企业把处理好的信息按照各种要求编制成各级管理人员所需要的形式输送出去，为有关人员提供决策、控制的依据。企业中的各种计划、报表、技术文件以及企业对外的广告宣传等都是输出的形式。

（二）标准化工作

标准是对重复出现的事物和概念所做出的统一规定，它以科学、技术和实践经验的综合成果为基础，经有关方面协商一致，由主管机构批准，以特定形式发布，作为共同遵守的准则和依据。标准化是指为了达到预期效果，从制定标准、贯彻标准到评价和修订标准的管理活动过程。标准化工作就是指对技术标准和管理标准的制定、执行和管理工作，按其管理范围不同可分为国家标准、部颁标准、专业（行业）标准和企业标准。

1. 技术标准

技术标准是指对标准化领域中需要协调统一的技术事项所制定的标准，它是企业标准体系中的重要内容。技术标准主要包括产品标准、方法标准、基础标准、工艺及工艺装备标准、安全与环保标准等内容。

2. 管理标准

管理标准是指把重复出现的管理业务、工作责任按有效的管理时间、提高工作效率的要求，对工作程序和工作方法所做出的统一规定，作为管理工作中共同遵守的行为准则，如业务流程图、信息传递路线、部门工作标准等。

（三）定额工作

定额是指在一定的项目运营和技术组织条件下，为合理利用人力、物力、财力所规定的消耗标准、占用标准等。它是编制计划的依据，是科学组织项目运营的手段，也是进行经济核算、厉行节约、提高经济效益的有效工具。定额工作是指对各类技术、经济定额的制定、执行、修订和管理工作。企业各种技术、经济定额是一个完整的体系。其主要内容如下。

1. 劳动定额

劳动定额是指在一定的项目运营和技术组织条件下所规定的单位产品劳动消耗量标准，包括工时定额和产量定额两种表现形式。前者是指项目运营单位产品所需的时间，后者是指工人在单位时间内应该完成的产量，二者互为倒数关系。此外，设备看管定额、劳动服务定额、劳动定员等也属于劳动定额的范畴。

2. 物资定额

物资定额包括物资消耗定额和物资储备定额。前者是指在一定项目运营技术条件下，项目运营单位产品或完成单位项目运营任务所消耗的物资数量标准；后者是指为了保证项目运营持续不断地进行，对仓库物资储备的数量所规定的标准。

3. 设备定额

从设备利用上讲，设备定额有单位产品的台时定额和单位台时产量定额等；从设备维修讲，有为编制设备维修计划而制定的设备修复系数、修理劳动量定额、修理停歇时间定额、修理周期、修理间隔期、修理费用定额等有关定额。

4. 项目运营组织定额

项目运营组织定额又叫期量标准，是指在项目运营组织过程中为编制作业计划而制定的有关时间和数量标准。如为大量项目运营规定节拍、节奏，为成批项目运营规定批量、项目运营间隔期、项目运营周期、投入提前期、在制品定额等，为单件小批项目运营规定项目运营周期等。

5. 资金占用定额

资金占用定额是指在一定的项目运营组织和技术条件下，根据项目运营经营计划规定的固定资金和流动资金占用的标准。其中，固定资金占用定额是根据项目运营经营计划核定的固定资产需要量的货币占用量，流动资金占用定额可分为储备资金定额、项目运营资金定额、成品资金定额三种形态。

6. 费用控制定额

费用控制定额是指根据费用预算规定的一个单位或个人的费用开支限额，如车间办公费用定额、企业管理费用定额等。

（四）计量工作

计量是指为了达到统一的单位制，通过技术和法制相结合的手段，保证量值的准确一致。计量工作就是运用科学的方法与手段，对项目运营经营活动中的量和质的数值加以掌握和管理。

1. 计量工作的内容

它包括计量技术和计量管理两部分：①计量技术是指计量方面的技术

研究和应用，主要是研究计量标准及测量方法、测量手段和数据误差的分析与处理；②计量管理是指对企业计量实行技术、经济、法制、行政和组织的管理，其中，带有强制性的计量管理称作计量监督管理或法制计量管理，在工业企业中，它主要是对以产品为核心的计量单位的管理。

2. 计量工作的基本任务

计量工作的基本任务包括四个方面：①统一执行法定计量单位，避免多种单位制引起的混乱、浪费和不必要的换算，方便人民生活和社会项目运营；②建立计量标准，满足本单位计量器具的检定、修理和项目运营流程中计量测试的需要；③建立健全计量机构，配备专职计量人员，根据企业规模、技术要求和计量测试任务的工作量，建立健全相应的计量机构，充分发挥监督、检查和考核的职能；④加强计量器具的管理，严格遵守检定规程，严格按照检定周期送检，认真做好计量定级、升级工作。

总之，企业的计量工作要紧紧围绕企业目标，为完善企业经济责任制，搞好质量管理、能源管理和经济核算提供可靠的计量保证。

（五）规章制度

规章制度是指用文字形式对项目运营、技术、经济等活动所制定的各种条例、规则、程序和办法的总称。它是企业全体职工共同遵守的准则，具有一定的强制性。企业的规章制度内容繁多，又因企业的类型、规模不同而各异。但从总体上讲，可归纳为以下四种类型。

1. 基本制度

基本制度是指企业中带有根本性的制度。如企业领导制度、职工代表大会制度、民主管理制度等。

2. 工作制度

工作制度是指导企业进行各项活动的规范和准则，是对企业各项专业管理工作内容、程序、方法和要求的规定。例如，计划管理、项目运营管理、销售管理、劳动人事管理和行政管理等各项管理制度。

3. 责任制度

责任制度是对企业内部各级组织、各类人员在其工作范围内应负的责任和应有的权力规定。各项规章制度要靠责任制度加以落实，因此责任制度是规章制度的基础。企业内部责任制分为岗位责任制和技术责任制。岗位责任制包括行政领导责任制和职能人员责任制、工人岗位责任制，技术责任制包括对产品技术标准和技术规程的实施责任。

4. 奖惩制度

奖惩制度是为了巩固和加强企业规章制度，严格劳动纪律，充分调动广大劳动者的积极性，所必须制定的科学有效的奖惩和考核办法。

第二章　绩效考核与项目运营管理

第一节　项目运营管理概述

一、项目运营管理在企业经济活动中的地位与作用

众所周知，在变化越来越大、竞争愈演愈烈的今天，适应环境是任何企业生存、发展的基础，也是企业加强管理的主要目标和提高经济效益的关键性因素。

对于一个以满足市场需求，并在实现企业的社会责任的同时取得最大效益为根本驱动的企业来说，适应环境应该是一个多视角的立体追求。

项目运营管理作为企业适应环境的一个重要环节，在整体性、动态化的管理中具有特别重要的地位。因为企业的最终目标是满足市场需要，实现企业所担负的社会使命。这个工作的基础是项目运营管理，即企业必须能够正常地进行项目运营，有效地运营，否则一切都是空话。项目运营管理不正常的企业是不可能满足市场需要的，也就失去了存在的价值。为此，无论在何种情况下，企业都必须重视项目运营管理，只不过在不同条件下其表现形式有所不同罢了。

自20世纪90年代以来，由于科学技术的不断进步和经济的不断发展，全球化信息网和全球市场经济的形成，企业面临着开发新产品、提高产品

质量、缩短项目运营交货期、降低产品成本以及对不断变化的市场做出快速响应等方面的压力。这一现象使企业越来越认识到项目运营管理在企业经济活动中的地位和作用。

二、项目运营、项目运营管理与项目运营系统

企业的项目运营活动是在项目运营系统中发生的。企业的项目运营管理是对项目运营系统的管理，因此，需要对项目运营系统的内涵进行一番讨论。

（一）项目运营

自有人类社会以来，就有项目运营活动。项目运营是人类社会最原始，也是最基本的活动之一。"劳动创造了人"，这个劳动指的就是项目运营。人类开始是为自己或家庭的生存而项目运营，包括狩猎、捕鱼、种植、制造工具等；后来是为了交换，也即为了社会而项目运营；逐步发展到今天，人类为了满足生活的各种需要而项目运营。所以说，项目运营是人类社会存在的基本前提，也是社会财富不断延续和积累的源泉。什么时候人类社会停止了项目运营活动，什么时候它就面临毁灭和瓦解，人类社会就会不复存在。

项目运营的本质是能够创造物质和财富来满足人们的需要，所以项目运营一般是指以一定关系联系起来的人们利用劳动资料，改变劳动对象，以适合人们需要的活动。在这里，主要是指物质资料的项目运营，是使一定的原材料，通过人们的劳动转化为特定的有形产品。转化有三种含义：一是对被

转化物形态的转化，二是功效的转化，三是价值的转化。三个层面上的"转化"合起来就是指项目运营的产品要满足市场的需要，具有竞争的实力，能够为企业带来盈利。这就是项目运营的经济性与有效性的统一。

服务业的兴起，使项目运营的概念得到了延伸和拓展。广义的项目运营也可以被理解为一切人类有意识的创造性活动，是一切社会组织将输入转化并增值为输出的过程。除了农业、采矿业、制造业的项目运营被无疑地称为项目运营之外，第三产业所提供的各种服务本质上也都是"项目运营"出来的。随着经济的增长，劳动分工不断深化以及市场不断拓宽，产品的项目运营制造过程被分解为一个又一个专业化的节点，大量中间产品和加工过程被独立出来，而连接这些节点分工网络的必要性就显现出来了，这些中间节点的需求就被称为项目运营型服务业，如物流公司、信息服务公司等。

一切社会组织的使命是对社会发展有贡献，是满足人们日益增长的物质和精神需求，要提供输出，就必须要有输入。输入是由输出决定的，任何组织项目运营什么（输出），决定了需要怎么样的输入。输出要满足客户的需求，而转化过程必须增加价值，企业才有存在的价值和意义。价值增加的程度取决于转化的能力与效率。转化是通过人的劳动来实现的，因此，转化的过程就是项目运营过程。输入、转化和输出分别与供应、项目运营和销售相对应，形成了任何组织的三项最基本的活动。

（二）项目运营管理

简而言之，项目运营管理就是对项目运营活动的计划、组织、指挥、协调与控制。项目运营管理的基本目标可以用一句话来概括：高效、灵活、准时、安全、清洁的项目运营合格的产品来满足市场需要，同时实现企业的经营目标。

（1）高效，项目运营管理必须体现高效。就是要以较少的投入得到较多的产出。因为低消耗才能低成本，低成本才能低价格，低价格才能最大限度地争取用户，所以高效是项目运营管理最主要的特征。自从泰罗制的科学管理开始，人们对于如何实现高效做了种种努力，从时间—动作研究，分工合理性安排，到人—机—环境的和谐统一，都是向着项目运营管理高效性的种种追求和逼近。

（2）灵活，是指企业的项目运营系统能很快地适应市场的变化，项目运营各种不同的品种和及时开发新品种。在信息时代，项目运营管理的灵活性十分突出。由于计算机的广泛应用，使得企业可以采用数据挖掘技术，把大量零碎的不完整的信息整理上升为能准确反映市场需求的信息，企业便可以利用敏捷制造技术灵活地组织项目运营，从而最大限度地满足市场需求，有效地提升企业的市场竞争力。

（3）准时，是在用户需要的时间，按用户需要的数量，提供用户所需要的产品和服务。

（4）安全，是指为了保证项目运营的持续、稳定与和谐发展，投入、转化、产出的过程必须体现安全性。不仅是指劳动者的人身安全，还包括劳动工具、劳动手段安全无故障地运行。

（5）清洁，是指在产品项目运营、使用和报废处理过程中，对环境的破坏控制到最低范围，力求无污染地实行绿色项目运营。

（6）合格产品，则是指项目运营出符合用户需要、具有一定质量标准的产品。

为了实现上述目标，就需要对项目运营系统进行有效管理，包括对项目运营系统设计的管理，以及对项目运营系统运行的管理两个方面。

项目运营系统的设计包括对产品的决策、工艺选择、能力规划、厂址确定、项目运营设施布置，以及工作岗位设计等。通常，对项目运营系统设计的管理是在设施建造阶段进行的，但在项目运营运作过程中也不可避免地要对项目运营系统进行更新、改进，包括新增设备、调整布局、增设岗位等。项目运营系统的设计具有先天性的影响，如果产品决策不当，将导致方向性错误，一切人力、物力、财力都将付诸东流；能力规划不准，厂址选择不当，也会铸成大错，使得项目运营活动的高效、灵活、准时、安全、清洁无法实现。同时，对项目运营系统的设计的管理往往决定了产品的成本，决定了在市场的竞争力，甚至决定了企业的兴衰成败。

项目运营系统的运行，主要是指企业的项目运营活动如何适应市场的变化，按用户的需要，项目运营合格的产品。对项目运营系统运行的管理主要涉及项目运营计划、项目运营组织和生产控制三个方面。项目运营计划主要解决项目运营什么、项目运营多少、哪里项目运营和何时项目运营的问题；项目运营组织是要解决和组织项目运营要素，使有限的资源得到充分而合理的利用的问题；项目运营控制则是要解决如何保证按计划完成任务的问题，确保企业的供应与需求相匹配，包括接受订货控制、项目运营进度控制、库存控制、质量控制和成本控制等。

（三）项目运营系统

项目运营系统是一个为了实现预定目标而组成的有关项目运营元素的集合体。项目运营系统是由输入、转化、输出和反馈控制四个部分构成的，并按一定的程序有规律地运行。项目运营系统的核心功能是转化模块，它不仅接受各种输入，要根据预定的目标进行转化：加工、装配、运营，将各种项目运营要素有机地结合在一起，同时它还要接受反馈机制的调整和控制，以保证输出的有效性和转化的经济性。

项目运营系统具有一般系统共有的特征，即项目运营系统的目的性、适应性与协调性。

项目运营系统的目的性是指任何项目运营系统的存在都是为使得各项目运营元素能够有效地运转，最终要使项目运营的产品能够满足市场的需要，能够为企业带来盈利；否则，这个项目运营系统就没有存在的必要。项目运营系统必须使被转化物发生形态的转化、功能的转化，更重要的是价值的转化。

项目运营系统的适应性是指项目运营系统要适应环境，并能根据环境变化做适当的变化，即有变化的能力。因为任何项目运营系统都是在一定的条件下存在的，项目运营系统的适应性比先进性更重要，适合项目运营环境的、适合用户需要的转化系统就是一个好的项目运营系统；反之，即使非常现代化、先进的转化系统也是一个不好的系统，功能过剩与功能不足一样都是不符合整体优化原则的。

项目运营系统的协调性是指项目运营系统的各组成部分之间，以及各组成部分内部各要素之间是协调的。前者是指供、产、销之间的协调，后者是指投入的要素中人、财、物之间的协调；转化的要素中人、机、环境、时间之间的协调；产出的要素中数量、质量、时间、地点之间的协调。系统的协调性靠管理的有效性来体现和保证，是项目运营管理的重要内容，也是项目运营管理追求的主要结果。

除此之外，企业的项目运营系统还有以下三个个性化的特征应该予以重视，即系统的经济性、和谐性和学习性。

项目运营系统的经济性是指任何类型项目运营系统都把追求产出／投入的最大化为目的，因为企业的项目运营系统都是以占有一定的资源为运作前提，对于人类来说，资源的稀缺性始终是干扰经济发展的重要原因，因此，作为项目运营系统都有义务以更少的投入去创造更多的产出。这种对于经济性自发追求是一切企业的共同责任，也是项目运营管理人员的重要任务，需要花费巨大的精力和持之以恒的毅力。

项目运营系统的和谐性是指项目运营系统与环境的和谐，因为项目运营系统的运转过程不仅输出了各种满足需要的产品，同时也产生了很多无效的或有害的物质，如化工项目运营过程中废液的排放、冶炼过程中废渣的产生、机器加工时噪声的干扰等，与人类生存的环境产生了许多矛盾。在人类的项目运营创造能力空前高涨的同时，随之产生的污染物也日渐严重，所以，一切项目运营系统都必须在设计与运行过程中重视与环境的和谐发展。

项目运营系统的学习性，主要是由于反馈机制的存在，项目运营系统有一种自学的功能，即在每完成一次转化过程后，都要从中获取有益的经验，在下一次转化时予以自行完善。从长远看，企业的市场竞争力有赖于项目运营系统的竞争力，而项目运营系统的竞争力源自系统内部的自学习与自适应机制。所以，一个好的项目运营系统在其设计时不仅会考虑它的经济性与有效性，还会反映其学习性，并在项目运营系统运行过程中充分发挥这种学习机制，这些都已成为探索新一代项目运营系统设计与运行有意义的前沿课题。

三、项目运营系统的功能目标和结构

（一）项目运营系统的功能目标

什么是一个好的项目运营系统？或者说设计一个项目运营系统，在项目运营运行中管好这个系统的目标是什么？这些问题在以往的项目运营管理中很少涉及，被认为是件天经地义、不容置疑的常规性工作，人们很少深入地去想一下项目运营系统的功能目标到底是什么。

企业的各种活动最后都聚焦到产品上。因为产品是各种要素经过项目运营活动的最终结果，是企业中所有人员共同劳动的结晶。因此，讨论项目运营系统的功能目标必须围绕产品来展开。产品是沟通市场、反映用户对企业功能要求的载体，它传达了企业经营战略对项目运营系统的要求。所以，按照产品构成的各个方面开展对项目运营系统功能目标的讨论是有利于增强企业竞争力，进而推动企业经营战略有效进行的重要方面。

（二）项目运营系统的结构

项目运营系统的功能目标能否实现，实际上很大程度取决于项目运营系统的结构形式。项目运营系统的结构是系统的构成要素及其组合关系的表现。项目运营系统的构成要素很多，按性质和作用可划分成结构化要素和非结构化要素。

1. 项目运营系统的结构化要素

项目运营系统的结构化要素是指构成项目运营系统的硬件部分，也就是指构成项目运营系统主体框架的要素。主要包括以下几个方面。

（1）项目运营技术。项目运营技术通过项目运营设备的构成和技术性能反映项目运营系统的工艺特征、技术水平。它将影响到产品的质量、成本和设备维护方面的管理，并与投资决策相联系。

（2）项目运营装备。它主要是指项目运营设施的规模、设施的布局、工作地的装备和布置等。

（3）项目运营能力。它主要是指项目运营系统中项目运营能力的大小、项目运营能力的特性、项目运营能力的弹性等，对于项目运营能力的决策，不仅决定了设备的规模，而且决定了企业满足社会需要的能力大小。

（4）项目运营系统的集成。它主要是指项目运营系统的内部集合和与外部的协调。内部的集合是指系统集成的范围、集成的方向，外部的协调就是指系统与外部的协作关系等。项目运营系统的集成决定了项目运营职能所涉及的范围。

项目运营系统的结构化要素是项目运营系统的物质基础，它直接决定系统的功能性质，并具有投资大、影响时间长等特点，一旦建立起来并形成一定的组合关系之后，要改变它或进行调整是相当困难的，所以决策时应该慎重。当然，进行必要的调整是不可避免的。

2. 项目运营系统的非结构化要素

项目运营系统的非结构化要素，是指在项目运营系统中支持和控制系统运行的软件要素。主要包括以下几个方面。

（1）人员组织。它主要包括人员的素质特点、企业人力资源政策、组织机构设置等。不同的项目运营系统在人员组织方面的策略是不同的，它是从人员的角度对项目运营系统进行组织，对于项目运营系统运作的好坏具有决定性作用。

（2）项目运营计划。它主要包括项目运营计划的类型、计划编制方法和计划编制的关键技术。为了使项目运营系统能根据市场需求进行有效、准时的运作，建立灵活、高效的项目运营计划体系，显得尤为重要。

（3）库存管理。它主要包括库存系统类型、库存数量和库存控制方式。库存管理水平的高低直接影响项目运营系统的经济效益。

（4）质量管理。它主要包括质量标准的制定、质量控制、建立质量保证体系等。

项目运营系统中的非结构化要素决定系统的运行特点，这些要素不涉及大量的投资，建成以后对它的改变和调整较为容易。因此，采用何种非结构化要素，决策风险不像结构化要素那样大。但是，在实施过程中非结构化要素容易受其他因素的影响，这类要素的实施在掌握和控制上比较复杂。

第二节　项目运营系统的类型

划分项目运营系统类型的目的在于，根据不同的项目运营系统类型，选择相应的项目运营组织形式、计划编制方法和先进合理的加工工艺，合理地组织与项目运营系统相适应的项目运营管理系统。

一、按用户的需求特征和企业组织项目运营方式分类

根据用户的需求特征和企业组织项目运营方式分类，可把项目运营系统分为订单型项目运营和备货型项目运营两类。

（一）订单型项目运营方式

订单型项目运营方式是指按用户特定的要求进行的项目运营。用户可能对产品提出各种各样的要求，经过协商和谈判，以协议或合同的形式确认对产品性能、结构、质量、数量和交货期的要求，然后组织设计和制造。一般是一次性项目运营一台或一小批，不再重复项目运营，没有产品库存，在保证产品质量的前提下，准时交货是订单型项目运营方式管理的重点，所以必须按"期"组织项目运营过程各个环节的衔接和平衡。订单型项目运营方式的项目运营周期一般都比较长，通过提高零部件的标准化和通用化水平，采用计算机辅助设计（Computer Aided Design，CAD）可以大大缩短设计周期，若再能结合计算机辅助工艺设计（Computer Aided Process Planning，CAPP），则可进一步缩短项目运营技术准备周期，使项目运营系统的整体响应速度大大提高。例如，船舶制造、大型成套设备的项目运营都采用这种项目运营类型。

（二）备货型项目运营方式

备货型项目运营方式是指根据企业对市场需求预测事先制订项目运营计划，通过保持一定数量的库存来应对市场需求的波动，从而减少对项目运营系统的影响，即在需要时用库存补偿项目运营能力的不足，而在低需求时依靠建立库存来减少因项目运营能力过剩的影响。对这类企业来说，

项目运营管理的重点是提高预测的准确性和确定合理的库存水平，必须按"量"组织项目运营过程各环节的衔接与平衡，如家用电器、轴承等产品的项目运营，都采用备货型项目运营方式。

二、按项目运营的工艺特征分类

按照产品加工的工艺特征分类，可以把企业分成连续流程和加工装配两种项目运营方式。

（一）连续流程项目运营方式

这种项目运营方式的特点是，工艺过程是连续进行的，不能中断；工艺过程的加工顺序是固定不变的，项目运营设施按照工艺流程布置；劳动对象按照固定的工艺流程连续不断地通过一系列设备和装置，被加工处理成为成品。化学工业、石油精炼、金属冶炼、造纸等行业都属于这一类型。这类项目运营管理的重点是要保证连续供料和确保每一项目运营环节在工作期间必须正常运行，因为任何一个项目运营环节出现故障，都会引起整个项目运营系统的瘫痪。连续流程项目运营由于产品和项目运营过程相对稳定，一般都采用各种自动装置和中央控制室实现对项目运营过程进行实时监控。

（二）加工装配项目运营方式

这种项目运营方式的特点是，产品是由许多零部件构成的，各零件的加工过程彼此是独立的，所以整个产品的项目运营是离散的，制成的零件通过部件装配和总装配最后成为产品。典型的加工装配型项目运营有汽车制造、机械制造、家具制造、船舶制造等。在加工装配式项目运营过程中，由于产品零件种类繁多，工艺路线大多各不相同，同时一种产品对其组成的零部件有不同的数量要求，这就对项目运营过程提出了数量配套的要求。此外，对于加工装配型，项目运营能力是一个动态的概念，项目运营系统的"瓶颈"环节往往随产品结构的更换而变化和转移，这使得如何在计划中做好负荷平衡使项目运营过程同步化增加了一定的难度。加工装配项目运营的组织十分复杂，是项目运营管理研究的重点。

三、按项目运营的稳定性和重复性分类

按照项目运营的稳定性和重复性分类，可分为大量项目运营、单件项目运营和成批项目运营三种基本类型。

（一）大量项目运营

大量项目运营的特点是项目运营的品种少，每一品种的数量大，经常重复项目运营一种或少数几种类似的产品，并且项目运营条件稳定，大多数工作地仅固定完成一二道工序，专业化程度高。大量项目运营类型可以采用高效率的专用设备和专用工艺装备，项目运营过程的机械化、自动化水平比较高，工人易于掌握操作技术，这种项目运营方式可以按对象专业化组织项目运营，甚至采用流水项目运营线的项目运营组织形式。在项目运营计划和控制方面也由于项目运营不断重复进行，规律性强，有条件采用经过仔细安排及优化的标准计划和应用自动化装置对项目运营过程进行监控。例如，美国福特汽车公司曾长达19年始终坚持项目运营黑色的T形

车，是大量项目运营的典型例子。这类项目运营效率高，通过规模效率降低成本，但项目运营系统柔性较差，因此，在保持规模效益的同时如何提高柔性，是这类企业需要考虑的一个大问题。

（二）单件项目运营

单件项目运营的特点是项目运营的产品品种繁多，而每一种产品仅项目运营一台（件）或少数几台（件）。这些产品的标准化程度相当低，几乎没有共同的部件，有的产品一次项目运营后便不再重复项目运营；有的产品虽要重复项目运营，但是属不定期的，项目运营的稳定性和专业化程度很低，大多数设备或工作地需要担负很多道工序。单件项目运营类型一般都采用通用的设备和工艺装备。这种项目运营方式要求工人具有较高的技术水平和较广的项目运营知识，以适应多品种项目运营的要求。在现实社会中，严格意义上的单件项目运营不重复制造的企业十分少见，即使是航天航空工业、远洋巨轮制造这些行业的新产品也有标准型号，仅仅是重复项目运营的周期比较长，如半年、一年等。

（三）成批项目运营

成批项目运营或称批量项目运营，介于大量项目运营与单件项目运营之间，即产品产量较少、品种较多、专业化程度较低的一种项目运营类型。成批项目运营具有一定的项目运营稳定性和项目运营重复性，虽然不如大量项目运营那样高，但仍可以保持定期重复轮番项目运营的特点。当完成一定批量的第一种产品而转为项目运营一定批量的第二种产品时，工作地上的设备就要做相应的调整，即要花一次"项目运营准备时间"。在项目运营能力确定的情况下，每批产品的数量越大，则工作地上调整的次数越少；反之，每批产品的数量越少，则调整的次数越多。所以，合理地确定项目运营批量，组织好多品种的轮番项目运营，是成批项目运营类型项目运营管理的重要问题。属于成批项目运营的企业有各种专用机械厂、中小型电机厂等。另外，随着市场需求多样化趋势的发展，过去用大量项目运营方式进行项目运营的企业，由于市场的压力，而被迫采用灵活性更大的批量项目运营方式，使项目运营系统具有处理品种较多、数量较少的产品项目运营的能力。对汽车工业和大多数消费品工业来说，这种趋势更为明显。

在当今世界上，单纯的大量项目运营和单纯的单件项目运营都比较少，一般都是成批项目运营。由于成批项目运营的范围很广，通常将其划分为大批量项目运营、中批量项目运营和小批量项目运营三种，使项目运营过程更能体现市场的特点和满足客户的需求。

第三节　项目运营过程组织

项目运营过程的组织是项目运营管理的主要内容，在产品项目运营过程中，要求在空间上对各项目运营要素进行合理的配置，在时间上保持紧密的衔接，最终达到以尽可能少的劳动消耗项目运营出尽可能多的适销产品，以实现提高企业经济效益的目的。

一、项目运营过程的概念

对项目运营过程有广义和狭义的理解。狭义的项目运营过程是指从原材料投入到产品出产的一系列活动的运作过程。广义的项目运营过程是指整个企业围绕着产品项目运营的一系列有组织的项目运营活动，包含基本项目运营、辅助项目运营、项目运营技术准备和项目运营服务等企业范围内各项项目运营活动协调配合的运行过程。

项目运营过程的基本内容是劳动过程，即劳动者利用劳动工具，按照一定的步骤和方法，直接或间接地作用于劳动对象，使其按预定的目的变成产品的过程。在某些项目运营技术条件下，项目运营过程的进行还需要借助自然力的作用，使劳动对象完成所需要的某种物理的或化学的变化，如铸件的自然冷却、油漆的自然干燥、酿酒的发酵等。从这个意义上说，项目运营过程又是劳动过程和自然过程的总和。

二、项目运营过程的构成

产品或服务在项目运营过程中所需要的各种劳动在性质和对产品的形成上所起的作用是不同的。按其性质和作用，可将项目运营过程分为以下几种。

（一）项目运营技术准备过程

项目运营技术准备过程是指产品在项目运营前所进行的各种项目运营技术准备工作。具体包括市场调研、产品开发、产品设计、工艺设计、工艺装备的设计与制造、标准化工作、定额工作、新产品试制和鉴定。

（二）基本项目运营过程

基本项目运营过程是指直接为完成企业的产品项目运营所进行的项目

运营活动，如汽车制造企业的冲压、焊接、油漆、装配等，钢铁企业的炼铁、炼钢、轧钢等，机械制造的毛坯准备、机械加工、装配等，化工企业的预热、提炼、合成等。

（三）辅助项目运营过程

辅助项目运营过程是指为保证基本项目运营过程的正常进行所必需的各种辅助性项目运营活动。如机械制造企业的动力供应、工具制造、设备维修等，又如汽车厂项目运营供自用的工模具、修理用备件、蒸汽、压缩空气等。

（四）项目运营服务过程

项目运营服务过程是指为基本项目运营和辅助项目运营服务的各种项目运营服务活动。如物料供应、运输和理化试验、计量管理等。

以上项目运营技术准备过程、基本项目运营过程、辅助项目运营过程和项目运营服务过程都是项目运营过程的基本组成部分。其中，项目运营技术准备过程是重要前提，基本项目运营过程是核心，占主导地位，其余各部分都是围绕着基本项目运营过程进行的，为更好地实现基本项目运营过程提供服务和保证。有的企业还从事某些副业项目运营活动，项目运营某些副产品，如飞机制造厂利用边角余料项目运营铝锅、饭盒等。副业项目运营过程也是项目运营过程的组成部分。基本项目运营过程还可进一步划分为若干个工艺阶段。工艺阶段是按照使用的项目运营手段的不同和加工性质的差别而划分的局部项目运营过程。如机械企业的基本项目运营过程可以分为毛坯制造、金属切削加工和装配三个工艺阶段，纺织企业的基本项目运营过程可以划分为纺纱、织布和印染三个工艺阶段。每个工艺阶段又可划分为若干个相互联系的工序。工序是指一个工人（或一组工人）在一个工作地上对同一种劳动对象进行加工的项目运营活动。工序是组成项目运营过程的最基本环节，是项目运营技术工作、项目运营管理组织工作的基础。工序按其作用不同，可分为工艺工序、检验工序和运输工序三类。工序划分的精细程度既要满足项目运营技术的要求，又要考虑到劳动分工和提高劳动项目运营率的要求。

三、合理组织项目运营过程的要求

项目运营管理的对象是项目运营过程，组织好项目运营过程是企业能否有效地利用项目运营资源，根据市场需求作出快速响应，并以合理的消耗水平为社会提供优质产品，取得最佳经济效益的关键手段。因此，合理组织项目运营过程的目标就是使劳动对象在项目运营过程中行程最短、时间最省、消耗最小，按市场的需要项目运营出适销对路的合格产品。具体要求如以下五个特性。

（一）项目运营过程的连续性

项目运营过程的连续性是指加工对象在项目运营过程的各个阶段、各个工序，在时间上紧密衔接、连续进行、不发生或很少发生不必要的等待加工或处理的现象。保持项目运营过程的连续性可以加速物流速度，缩短产品项目运营周期，加速资金周转，减少在制品占用，节约仓库面积和项目运营场地面积，提高经济效益。

要实现项目运营过程的连续性，首先要合理布置企业各个项目运营单位，使之符合工艺流向，没有迂回和往返运输，实现"一个流"。其次，要采用合理的项目运营组织形式，避免由于组织结构设置不合理而造成物流的不畅通。最后，还要求制订项目运营计划，使上下工序紧密衔接，并要对项目运营现场采取有效的控制。

（二）项目运营过程的平行性

项目运营过程的平行性是指项目运营过程的各个阶段、各个工序实行平行交叉作业。保持项目运营过程的平行性，可以缩短产品的项目运营周期，同时也是保证连续项目运营的必要条件。比如，现代建筑业采用预制构件，改变过去在地基上一块砖一块砖往上砌的传统工艺，提高了项目运营过程的平行性，使一幢大楼可以在很短时间内就建立起来。又如，现代造船业把船体分成几段，分别在船体车间内各工段平行制造，最后把几段制成的船体吊到船台上拼装对焊，这样可以大大地缩短每条船的船台项目运营周期，从而提高造船厂的项目运营能力。

要实现项目运营过程的平行性，在工厂的空间布置时，就要合理地利用面积，尽量做到各项目运营环节能同时利用空间，保证产品的各个零件、部件以及项目运营过程的各个工艺阶段能在各自的空间内平行进行。

（三）项目运营过程的比例性

项目运营过程的比例性是指项目运营过程各阶段、各工序之间在项目运营能力上要保持一定的比例关系，以适应产品项目运营的要求。

要实现项目运营过程的比例性，事先在项目运营系统建立时就应根据市场的需求，确定企业的产品方向，并根据产品性能、结构以及项目运营规模、协作关系等统筹规划；在日常项目运营组织和管理工作中，经常对项目运营过程的能力比例进行调整，克服项目运营过程中出现的"瓶颈"，以实现项目运营过程的比例性。

（四）项目运营过程的均衡性

项目运营过程的均衡性是指产品在项目运营过程的各个阶段，从投料到成品完工入库，都能保持有节奏地、均衡地进行。保持在一定的时间间隔内，项目运营的产品数量是基本相等的或稳定递增的。

要实现项目运营过程的均衡性，对内要加强项目运营技术准备部门、辅助项目运营部门、项目运营服务部门之间的协调，特别是优化项目运营计划和强化对项目运营过程的监控。此外，要争取各方面的支持和配合，建立起比较稳定的供应渠道和密切的协作关系，保证原材料、外购件、外协件能够按质、按量、准时地供应。

（五）项目运营过程的适应性

项目运营过程的适应性也称柔性，是指项目运营组织形式要灵活，对市场的变动应具有较强的应变能力。市场需求的多样化和快速变化使企业的项目运营系统必须面对和适应这样一个多变的环境。要提高项目运营系统的适应性，企业应建立柔性项目运营系统，如准时项目运营、敏捷制造等，使较高的机械化和自动化水平与较强的对产品的适应性统一在一起。此外，还可以采用混流项目运营、成组技术等先进的项目运营组织形式，来提高对市场的适应能力。

第四节　项目运营计划和控制

项目运营计划和控制是项目运营管理活动的神经中枢，是项目运营系统运行管理最基本、最日常的工作，它渗透于项目运营管理的各项活动中。项目运营管理的精髓就在于有效地调配和利用各种资源，准时地提供对顾客有价值的、高质量的产品和优质的服务。这一切都离不开有效的项目运营计划和控制。因此，正确、合理的项目运营计划和控制是提高项目运营有效性与经济性的重要保证。

一、项目运营计划

（一）项目运营计划的概念

项目运营计划是企业在计划期内应完成的产品项目运营任务和进度的计划。它具体规定了企业在计划期（年、季、月）内应当完成的产品品种、质量、产量、产值、出产期限等一系列项目运营指标，并为实现这些指标进行能力、资源方面的协调、平衡。所以，它是指导企业计划期项目运营活动的纲领性文件。

（二）项目运营计划体系

项目运营计划可以按其在工业企业经营活动中所处的地位和影响的时间长度，划分为长期、中期、短期三个层次。这三个层次的项目运营计划各有侧重点，相互联系，协调配合，构成了一个完整的项目运营计划体系。

长期计划主要针对市场的长期变化趋势、企业产品系列的变化、项目运营性资源的配置及企业规模的变化等战略性问题，而编制的长期计划时间跨度通常在三年以上。主要内容包括项目运营产品或服务的种类、规模的大小、项目运营布局、工艺设备的选择等。它为中期计划的编制规定了能力范围。

中期计划通常称为年度项目运营计划。对工业企业来说，主要包括项目运营计划大纲和产品项目运营进度计划。项目运营大纲主要规定企业在计划年度内的项目运营目标，由一系列产品品种、质量、产量、产值等指标来表示；产品出产进度计划则是企业将项目运营计划大纲细化到产品品种规格程度的计划。

短期计划又叫项目运营作业计划。根据年度项目运营计划规定在计划期内应完成的计划指标，针对某一品种，编制该品种具体的作业计划，并按项目运营类型确立作业期内的质量标准。

关于计划期的划分是相对的，不同类型企业的计划期长度往往有很大差异。

（三）项目运营计划的内容

项目运营计划的内容主要由以下四个方面组成。

（1）确定项目运营目标。项目运营目标即项目运营指标，指企业在计划期内应完成或达到的产品品种、质量、产量和产值指标。

（2）项目运营能力的核定与平衡。项目运营目标不能脱离实现目标的条件——项目运营能力，只有以项目运营能力为基础，才能保证项目运营能力得以充分利用，项目运营计划得以实现。

（3）确定项目运营进度。就是将全年的项目运营计划任务分配到各季度、各月份，保证在订货合同规定的交货期内交货。

（4）组织和检查项目运营计划的实施。如何保证项目运营目标及项目运营进度的实现，是项目运营计划必不可少的部分。项目运营计划的编制必须有保证项目运营计划实现的方法、途径、措施，如劳动组织措施、跟踪检查计划执行等。

二、确定计划指标的常用方法

项目运营计划的中心内容是确定项目运营指标。编制项目运营计划的主要任务就是要对品种指标、产量指标、质量指标和产值指标等计划指标的水平做出正确的决策。拟订项目运营计划指标需要采用定量计算与定性分析相结合，才能求得一个较好的方案。

（一）产品品种确定和选优的方法

产品品种指标，是指企业在计划期内应当出产的产品品种和品种数。品种指标既反映着企业在品种方面满足市场需求的程度，又反映着企业技术水平和管理水平的高低。

对于大量大批项目运营、品种数很少、市场需求量很大的产品，基本没有品种选择问题，对于多品种中批量项目运营则有品种选择问题。确定项目运营什么品种是十分重要的决策。

定品种可以采用市场引力——企业实力矩阵分析法。

这种方法首先要对每种产品的市场引力及企业实力作出判断。其中，市场引力从产品资金利润率、销售利润率、市场容量、该产品对国计民生的影响程度四方面来体现；企业实力以项目运营该种产品的项目运营能力、企业技术能力、企业原材料供应情况、产品销售能力四方面来体现。基本步骤如下：

首先，对每种产品的市场引力、企业实力各个因素定出若干标准，并进行评价打分，为每种产品的每种因素定出分数。

其次，按产品把市场引力和企业实力的有关各种因素的分数相加，计算出每个产品的市场引力和企业实力两个综合性指标的总分数。

最后，根据产品的市场引力和企业实力的得分情况，分成大、中、小三等，然后绘制产品分布象限图，根据产品处于象限图中的位置，采取相应对策。

（二）质量指标和产值指标确定的方法

1. 质量指标

产品质量指标是反映一个企业的产品能满足顾客需求和社会要求的重要标志，也是一个企业能否赢得竞争优势的关键因素。

确定质量指标，可运用"质量与成本价格"的函数曲线来选择质量与费用的"最佳点"。

确定产品质量水平时，必须综合考虑质量水平与产品成本、产品销售额之间的关系。片面地追求产品的高质量、高强度，并不一定会给企业带来好的效应，有时甚至恰恰相反。只有把产品质量和技术先进性与经济合理性结合起来加以考虑，制定出合理的质量特性，才能有利于企业经营。

2. 产值指标

产值指标分为商品产值、总产值和净产值三种。企业在计划期内项目运营可供销售的产品和完成的工业性劳务价值称为商品产值，包括计划销售的成品、半成品的价值，对外单位来料的加工价值，以及计划期内承做的工业性作业。以货币表现的企业在计划期内预定完成的工业项目运营活动总成果称为总产值，包括商品产值和在制品、自制工具等期末与期初结存量差额的价值。企业在计划期内从事工业项目运营所创造的新价值称为净产值，它是以总产值为基础，扣除一切转移价值后而得的产值。企业根据具体情况不同，分别用不变价格和现行价格来计算产值指标。

第五节 项目运营管理面临的形势及出现的新技术

项目运营管理的思想、方法随着市场环境的变化而变化，随着技术的发展而发展。项目运营管理在经历了一个世纪的发展之后，在21世纪的今天，面临着新的市场环境，在新技术的推动下，呈现出新的发展趋势。21世纪，全球经济一体化，市场需求呈现多样化、个性化、系统化的趋势，同时，信息技术和制造技术高度发达。随着人们意识的逐渐转变以及互联网的迅速发展和普及，电子商务环境已经形成。在这样一个宏观环境中，企业的项目运营管理方式也正在发生着巨大的变化。

（1）信息技术高度发达。从20世纪70年代开始，计算机技术在运作管理中得到了广泛的应用。主要体现在作业计划中物料需求计划及随后出现的企业资源计划系统的应用、制造业中的计算机集成制造系统、基于互联网的电子商务的出现及迅猛发展，包括电子采购、电子拍卖等。科学技术的快速发展，将原有的以手工为主的制造方式改变为现在以自动化为主的制造方式，极大地提高了项目运营和管理的效率，促进了社会、经济的发展。

（2）产品生命周期缩短。信息技术高度发展的最重要的影响之一就是缩短了产品尤其是日常消费品的生命周期。产品的生命周期始于产品的构思、设计，经过投入、成长、成熟、萎缩等阶段，最后退出市场。产品生命周期的缩短直接导致对项目运营效率、对市场需求变化反应速度的要求的提高。企业能否通过有效的运作管理方式提高项目运营效率，提高交货速度，提高新产品开发速度，提高对市场需求变化的预测和响应能力是至关重要的。

（3）市场需求多样化。需求多样化这个概念对我们来说已经不陌生。在这个追求个性化的时代，以前简单地通过大规模项目运营，以低成本提供无差异化的产品和服务已经行不通。市场结构由卖方市场转为买方市场。随着消费者经济水平的提高、观念的更新，消费模式发生了巨大的变化。产品需求呈现分散化，需求数量逐渐由大量转为小量甚至单件，这就要求企业做出相应的应对措施，大批量项目运营单一品种的时代已经结束，多品种小批量的项目运营方式成为主流。

随着经济与科技的发展，在发达国家兴起了管理变革的浪潮，相继创立了适应形势的新型项目运营方式和管理模式，其中，具有代表意义的有准时项目运营制、精益项目运营、敏捷制造、大规模客户化定制，以及再造工程等。这里主要介绍其中的三种。

一、准时项目运营制

准时项目运营是由日本丰田汽车公司首创，被公认是当代最理想和最有前途的项目运营系统。它是一种为了适应市场需求向多样化发展，如何有效地组织多品种、小批量混合项目运营而创造出来的高质量、低成本，并富有柔性的一种项目运营方式。它的基本思想可用现在已广为流传的一句话来概括，"只在需要的时候，按需要的量，项目运营所需要的产品"，也就是JIT一词所要表达的本来含义。

（一）JIT的目标

准时项目运营方式目标是通过彻底地消除浪费以降低成本、获取利润和提高企业的竞争力。

（二）JIT降低成本的三种方法

（1）适时适量项目运营。就是在需要的时候，按需要的量运营所需要的产品或提供所需要的服务。它强调的是"准时"和"准量"。

JIT项目运营系统是一种重复项目运营系统，其中物料和产品的加工和移动仅在需要的时候才发生。在JIT项目运营系统中，产品移动、加工和供方的交货都严格准时进行，以至于在项目运营过程中的每一阶段都是恰好在当前项目运营任务完成时，下一个项目运营任务刚好到达。JIT追求使零部件和物料准时流过整个项目运营系统、准时供给下道工序和准时加工，其结果是系统中没有等待加工的闲置物料，也没有等待加工的空闲工人和设备，从而避免这些由于项目运营过剩引起人员、设备、库存费用等一系列的浪费。在实现适时适量项目运营时的重要工具是"看板"，确切地说，是通过"看板"来实现"准时"的。

（2）弹性配置作业人员。降低劳动费用是降低成本的一个重要方面，达到这一目的的方法是"少人化"，即随项目运营量的变化，灵活地增减各项目运营线上的作业人数，尽量以较少的人去完成更多的工作。"少人化"技术是有别于传统项目运营系统中的"定员制"的一种全新的人员配置方式。

（3）质量保证。质量是实现准时项目运营的保证。当需要一件才生产一件时，如果某道工序出了废品，则后续工序将没有输入，会立即停工，所有上游工序都必须补充一件，这样就会完全打乱项目运营节拍。要实行准时项目运营，必须消除不合格品。所以，实施全面质量管理是准时项目运营系统的必要条件。准时项目运营系统下的全面质量控制是以零缺陷为目标，以项目运营过程的质量检测为核心，在项目运营操作过程中进行质量监控，把缺陷消灭于产品项目运营过程之中。

二、精益项目运营

精益项目运营方式是美国在全面研究以JIT项目运营方式为代表的日本项目运营方式在西方发达国家以及发展中国家应用情况的基础上，于1990年所提出的一种较完整的项目运营经营管理理论。日本丰田汽车公司以JIT为代表的项目运营运作模式引起了世界各国学术界和企业界的广泛关注。为了进一步揭开日本汽车工业成功之谜，以美国麻省理工学院教授为首，由日、美、欧等国家和地区50多位专家参加的"国际汽车计划项目研究"小组，对

JIT项目运营方式进一步做了详尽的实证考察和理论研究，提出了"精益项目运营"理论。该理论的研究用了5年时间，耗费了500万美元的巨资，调查了全世界15个国家的90个汽车制造厂，将大量项目运营方式与丰田项目运营方式进行分析对比，于1991年出版了《改造世界的机器》（*The Machine that Changed the World*）一书，将丰田项目运营方式定名为"精益项目运营"，总结出了一套较为完整的项目运营经营管理理论。

精益项目运营（Lean Production）中的英文"Lean"单词本意是"瘦肉"，没有多余的脂肪和赘肉，这里是借喻"精干""精练"，要消除一切形式的浪费的意思，也可喻为要求精益求精，要不断改进、不断完善的意思。之所以用"Lean"，是因为与传统的汽车项目运营方式（特别是美国的汽车项目运营方式）相比，日本的汽车项目运营只需要一半人员、一半项目运营场地、一半投资、一半的工程设计时间和极少的库存，就能项目运营质量更高、品种更多的产品。因此，有时也译成"精细项目运营"，以反映"Lean"的本意，即丰田项目运营的基本理念：零缺陷和零库存，这就是"精"（高质量）和"细"（库存低）。

精益项目运营方式是对JIT项目运营方式的进一步升华，它是对JIT项目运营方式的提炼和理论总结，将原来主要应用于项目运营领域的JIT扩展到市场预测、产品开发、项目运营制造管理（其中包括项目运营计划与控制、项目运营组织、质量管理、设备保全、库存管理、成本控制等多项内容）、零部件供应管理以及产品销售和售后服务等领域，贯穿于项目运营经营的全过程，使其内涵更加全面、丰富，对指导项目运营方式的变革具有可操作性。

三、敏捷制造

敏捷制造是美国凭借近年IT信息技术的发展，为重振其在20世纪80年代被日本、德国等国家夺去的制造业领导地位，在日本的精益项目运营方式基础上，经过更加细致深入的调查研究，面向21世纪的新型项目运营方式设想。敏捷制造是加工制造业项目运营方式的一次革命，为实现企业与市场的零距离接触，提供了一个可靠的制造平台。

1991年，美国国会提出拟定一个长期的制造技术规划，于是里海大学牵头，以美国13家大公司为主，组织了100余家大学和咨询公司，向美国国会提交了一份"21世纪制造企业战略"的研究报告，提出了一种新的制造企业战略——敏捷制造。报告提交后，立即受到美国国会和企业界的广泛关注，几乎所有的美国大公司都参加了这一研究计划。欧洲和日本等发达国家也开始研究和实践基于虚拟组织的新战略。可以说，这种新型敏捷制造将成为21世纪信息时代制造业主导的项目运营方式。

尽管目前对敏捷制造的概念的理解没有一个统一的认识，但是一般认为敏捷制造是通过将先进的柔性项目运营技术、动态的组织结构和高素质人员三种资源集成为一个协调的、相互关联的系统来实现的。它立足于获得长期的经济效益，用全新的产品设计和产品项目运营的组织管理方法，来对消费者需求及市场变化做出高度灵敏、有效的响应。敏捷制造系统体现以下特征。

（一）敏捷制造的管理组织

21世纪，衡量竞争优势的准则在于企业对市场反应的速度和满足用户的能力。而要提高这种速度和能力，必须以最快的速度把企业内部的优势和企业外部不同公司的优势集合在一起，组成为灵活的经营实体，即虚拟公司。

"虚拟公司"（Virtual Company）是敏捷制造在管理上所提出的创新思想之一，敏捷制造认为，新产品投放市场的速度是当今最重要的竞争优势。推出新产品最快的办法是利用不同公司的资源，使分布在不同公司内的人力资源和物资资源能随意互换，然后把它们综合成单一的靠电子手段联系的经营实体——虚拟公司，以完成特定的任务。具体来说，当企业发现某一市场机遇时，迅速从本公司和其他公司选出各种优势力量，形成一个临时的经营实体——虚拟公司，来共同完成该产品或项目的设计、项目运营和服务等业务。而一旦原承接的产品或项目完成，虚拟公司即自行解体，各个公司转到其他项目。只有这样，才能不断地抓住机会，赢得市场竞争，获得长期经济效益。就组织而言，虚拟企业的应用使得敏捷制造的组织具有高度的开放性、规模可调性、可重构性，突破了传统项目运营方式下僵硬的组织形态对企业发展的约束。

（二）敏捷制造的项目运营技术

敏捷制造在产品开发、制造过程中，其工艺设备是由可改变结构的模块化制造构成的可编程的柔性机床组，且具有智能化的自动控制系统；产品的研发普遍采用数字化并行工程，能快速而可行地模拟出产品的状态和特性，精确地描绘产品的制造过程，从而大大缩短产品研发周期；组织（系统）对信息是高度集成处理的，各种信息所组织的市场部、技术部、工程部、制造部、财务部等部门以及供应商和顾客之间高速地交互流动；该系统使产品从设计、制造到最终完成的整个项目运营过程使顾客满意，真正做到了定制项目运营。

（三）敏捷制造的人力资源

在动态的竞争环境中，最关键的因素是人。柔性项目运营技术和柔性管理要使敏捷制造企业的人员能够学会从全面需要来考虑问题，要求自己不断学习、不断充实自己。敏捷制造的组织要充分重视员工的作用，能够最大限度地发挥人的主动性和创造性。由于敏捷制造企业是连续发展的项目运营系统，从根本上说，其系统能力仅受员工的创造性和技能的制约，所以企业的重要任务就是将成员组成学习型的团队，不断提高员工的综合素质，提高员工对于各种信息的创造性响应能力。

第三章 项目管理绩效考核与市场营销对接

第一节 市场营销概述

营销是现代企业成功的因素。现代市场营销学以其独特而系统的理论及方法，向企业展示了通往成功之路的生存、竞争、发展的谋略。伴随着经济发展和现代企业营销管理需要而出现的市场营销学，是20世纪发展最快的管理学科之一，它是现代企业和企业家营销实践的总结。这门基于哲学、数学、经济学、管理学、心理学和行为科学之上的学科，已经成为企业在变化多端的市场环境和日趋激烈的竞争中求生存、谋发展的锐利武器。市场营销正在企业中发挥着越来越大的作用。

一、市场营销理念

（一）市场营销理念的含义

市场营销学主要是沿着营销理念的不断深化、营销对象的内涵外延和营销理论基础的不断发展而来的。营销理念也称营销观念，是指企业的营销哲学或营销指导思想。市场营销观念的演进历经数个阶段，每一新观念的提出都是对前一观念的扬弃，使得营销观念不断地深化。

（二）市场营销理念的演进

企业的市场营销理念可归纳为六种，即项目运营观念、产品观念、推销观念、市场营销观念、社会营销观念及战略营销观念。

1. 项目运营观念

项目运营观念产生于供不应求的卖方市场，是一种最古老的营销观念之一。项目运营观念认为，消费者喜欢那些可随处买得到且价格低廉的产品，企业应致力于提高项目运营效率，扩大项目运营，降低成本以扩展市场，其实质是重项目运营、轻营销的哲学思想。

项目运营观念在西方盛行于19世纪末20世纪初，这种营销观念与西方当时的项目运营力水平相适应。那时，资本主义国家处于工业化初期，市场需求旺盛，企业只要提高产量、降低成本，便可获取丰厚的利润。企业的中心问题在于扩大项目运营物美价廉的产品，而不必过多地关注市场需求。

2. 产品观念

产品观念亦产生于卖方市场的条件下，它几乎与项目运营观念同时盛行。产品观念认为，消费者喜欢高质量、多功能和具有特色的产品，企业应致力于项目运营高质量的产品，并不断精益求精，其实质是重质量、轻营销。

产品观念易导致"营销近视症"。"营销近视症"是指不适当地将注意力放在产品上，而不是顾客需求上。出现产品观念是由于消费者的购买力有所提高，市场竞争也在深化，但总体上还处在供不应求的状况。企业若只强调自己的产品质量好，而看不到顾客的需求变化，必使企业营销陷入困境。

3. 推销观念

推销观念产生于卖方市场向买方市场的过渡时期。推销观念认为，消费者购买具有惰性，若随其自然，消费者或者不会足量购买某种产品，或者不会足量购买本企业的产品。因此，企业必须积极推销和大力促销。其实质是重推销，轻营销。

在推销观念的指导下，企业相信产品是"卖出去的"而非"买去的"。因此，企业期望通过产品的推广和广告，以求说服、刺激、诱惑，甚至强制消费者购买产品。推销观念在一时或许会获得成功，但很难长久维持。例如，一家靠夺得中央电视台黄金时间段"标王"而使产品销售量大增的企业，两年之后却陷入严重亏损的局面，后因拖欠货款被法院裁定拍卖注册商标。

4. 市场营销观念

市场营销观念认为，实现企业目标的关键在于确定目标市场的需求和欲望，并能比竞争者更有效地满足目标市场的需求和欲望，其出发点是满足顾客的需求。

市场营销观念是对传统营销观念的挑战，它穿透企业销售的表观现象，从更深的层次揭示市场的本质。市场营销观念依据"消费者主权论"，相信项目运营何种产品的主权不在于项目运营者，而在于消费者。市场营销观念有四大支柱：目标市场、顾客需求、整体营销和企业盈利。树立并全面贯彻市场营销观念，是企业在竞争中赢得顾客、赢得市场的关键。

5. 社会营销观念

社会营销观念是对市场营销观念的补充和修正。社会营销观念认为，企业的任务是确定目标市场的需要、欲望和利益，并以保护和提高顾客与社会福利的方式，比竞争者更有效地满足目标市场的需要。

企业在尽可能地满足消费者需求时，往往出现这样的情况，即在满足个人需求时，与社会公众利益发生冲突。而市场营销观念回避了消费者需求、企业利益和社会利益的矛盾。社会营销观念要求企业在制定营销策略时，必须统筹兼顾企业利益、顾客需求及社会利益这三者之间的关系。

6. 战略营销观念

战略营销观念是指用战略管理的思想和方法进行营销管理。其强调企业应创造竞争优势，向顾客及参与者提供最大的利益。

二、顾客满意

通过满足需求达到顾客满意，最终实现企业的各个目标。这一观念的变革及在管理中的应用，曾带来西方国家20世纪五六十年代的商业繁荣。"利润是对创造出顾客满意的回报"已得到一些企业的认可。企业通过质量、服务和价值实现顾客满意，通过市场导向的战略奠定竞争基础。

研究表明，顾客满意与否不仅影响其是否再购买，也影响其他顾客的购买，即关系到能否维持老顾客，能否吸引新顾客，因此，顾客满意是企业赢得顾客、占领市场的关键。

（一）顾客满意的含义

顾客满意是顾客的一种主观感受状态，是顾客对企业产品和服务满足其需求程度的体验与综合评价。顾客购买后是否满意，取决于实际效果和期望效果的差异。如果实际效果小于期望效果，顾客不满意；如果实际效果等于期望效果，顾客满意；如果实际效果大于期望效果，则顾客高度满意。

研究表明，顾客满意既是顾客本人再购买的基础，也是影响其他顾客购买的重要因素。对企业来说，前者关系到能否维持老顾客，后者关系到能否吸引新顾客。因此，使顾客满意是企业赢得顾客、占领和扩大市场、提高效益的关键所在。

有关研究还进一步表明，吸引新顾客要比维持老顾客花费更高的成本。在激烈竞争的市场上，维持老顾客，培养顾客忠诚感具有重要意义。而要有效地维持老顾客，仅仅使其满意是不够的，只有使其高度满意，才能有效地达到此目的。一项消费者调研资料显示，44%宣称满意的顾客经常变换其所购买产品的品牌，而75%高度满意的顾客却很少改变。这些情况说明，高度满意能培养某种品牌对顾客的吸引力，而不仅仅是一种理性偏好。

（二）顾客让渡价值

1. 顾客让渡价值的含义

顾客让渡价值是指顾客总价值与顾客总成本之差，顾客总价值是指顾客购买某一产品与服务所期望获得的一组利益，顾客总成本是指顾客为购买某一产品所耗费的时间、精力、体力以及所支付的货币资金等。顾客让渡价值可用下公式表示

$$顾客让渡价值=顾客总价值-顾客总成本$$

顾客在购买产品时总希望把有关成本（包括货币、时间、精神和体力等）降到最低限度，而同时又希望从中获得更多的实际利益，以使自己的需要得到最大限度的满足。因此，顾客在选购产品时，往往从价值与成本两个方面进行比较分析，从中选择出价值最高、成本最低，即"顾客让渡价值"最大的产品，作为优先选购的对象。

企业为在竞争中战胜对手，吸引更多的潜在顾客，就必须向顾客提供比竞争对手具有更多"顾客让渡价值"的产品，这样才能提高顾客满意度，进而更多地选择本企业产品。为此，企业可从两个方面改进自己的工作：一是不断地提升顾客的总价值，二是不断地降低顾客总成本。

2. 顾客总价值

使顾客获得更大"顾客让渡价值"的途径之一是增加顾客总价值。顾客总价值由产品价值、服务价值、人员价值和形象价值构成，其中每一项价值的变化均对顾客总价值产生影响。

产品价值是指产品的价值，是由产品的功能、特性、品质、品种等所产生的价值。

服务价值是指服务的价值，它是指伴随产品，企业向顾客提供的各种附加服务，如咨询、特殊服务等产生的价值。顾客在选择产品时，不仅注重产品本身价值的高低，而且更加看重产品附加价值的大小。特别是在同类产品的质量与性质大体相同或类似的情况下，企业向顾客提供的附加服务越完备，产品的附加价值越大，顾客从中获得的实际利益就越大，从而购买的总价值越大；反之，则越小。人员价值是指企业员工的经营思想、知识水平、业务能力、工作效率与工作作风、应变能力等所产生的价值。

一个综合素质较高且具有顾客导向营销思想的员工会比知识水平低、业务能力差、营销思想不端正的员工为顾客创造更高的价值，从而赢得更多顾客的满意。

形象价值是指企业及其产品在社会公众中形成的总体形象所产生的价值，包括企业的产品、技术水平、产品质量等所构成的价值，企业及其员工的职业道德行为，服务态度、作风等行为所产生的价值，以及企业的价值观念、管理哲学等理念所产生的价值等。企业应高度重视自身形象塑造，为顾客带来更大的价值。

3. 顾客总成本

使顾客获得更大"顾客让渡价值"的另一途径是降低顾客总成本。顾客总成本不仅包括货币成本，而且还包括时间成本、精神成本等非货币成本。在货币成本相同的情况下，顾客还会考虑所花费的时间、精神、体力等因素，因此，这些成本也是构成顾客总成本的重要因素。

货币成本是指顾客在获取产品时的货币支出。在货币成本相同的情况下，才会比较其他的成本。尤其是那些经济收入相对较低的顾客，对货币成本的大小较为敏感。

时间成本是指顾客为获取产品所付出的时间。在其他成本一定的情况下，时间成本越低，顾客总成本越低，从而"顾客让渡价值"越大；反之，则相反。

精力成本包括精神成本和体力成本，是指顾客购买产品时，在精神和体力方面的耗费与支出。同理，在顾客总价值与其他成本一定的情况下，精神成本与体力成本越小，顾客为购买产品所支出的总成本就越低，从而使"顾客让渡价值"越大；反之，则相反。

三、市场与市场营销

（一）市场

市场是指具有特定的需要和欲望，并愿意和能够以交换来满足需要和欲望的所有现实顾客和潜在顾客的集合。

人口的多少、购买力的大小、购买欲望的强弱决定了市场的规模。一般情况下，我们将买方的集合称为市场，将卖方的集合称为行业。

（二）市场营销

市场营销在一般意义上可理解为与市场有关的人类活动。关于市场营销的定义，国内外营销学者曾给出了上百种诠释，企业界的理解更是各有千秋。

现代市场营销学大师科特勒认为，市场营销是个人和群体通过创造并同他人交换产品和价值以满足需求和欲望的一种社会和管理过程。

根据这一定义，可将市场营销概念归纳为如下要点：

（1）市场营销的最终目标是"满足需求和欲望"。

（2）交换是市场营销的核心，交换过程是一个主动、积极寻找机会，满足双方需求和欲望的社会和管理过程。

（3）交换过程能否顺利进行，取决于营销者创造的产品和价值满足顾客需求的程度和交换过程管理的水平。

四、市场营销的研究内容

（一）市场结构与行为研究

市场结构与行为涉及的研究内容主要包括市场与市场营销、市场营销环境分析、市场营销调研和消费者行为分析四个方面的内容。

（二）市场策略研究

市场策略研究主要包括市场竞争策略和目标市场营销策略两个方面。为了了解竞争对手，企业必须制定市场竞争策略；为了有效开拓市场，企业要重视目标市场营销策略，包括市场细分、目标市场选择和产品定性，这三个方面三位一体，是企业开拓市场的利器。

（三）市场营销组合研究

市场营销组合研究的重点是产品、价格、营销渠道、促销四大因素及其组合以及通过什么组织方式能够有效保证企业市场营销策略的实施，即4P组合。同时，随着服务产业的迅速发展，服务营销地位日益上升。

第二节 现代企业市场营销环境

企业的营销活动是在一定的动态环境中进行的，既要受到自身条件的限制，也要受到外部条件的限制。企业营销环境的变化既可能给企业带来发展的机会，也可能对企业形成威胁。企业必须对营销环境的变化进行跟踪分析，以保证企业的营销活动与营销环境相适应。

一、宏观环境分析

宏观环境是指给企业造成市场机会和环境威胁的主要社会力量，包括人口、经济、科技、自然、政治法律及社会文化六大因素。

（一）人口环境

（1）总量。人口数量是直接影响市场规模的重要因素之一，许多日用品的需求与人口数量高度正相关。一般来说，在经济发展和收入水平相等的条件下，人口规模大，则市场规模就大。截至2000年，世界人口超过65亿人，我国人口达到13亿人。由于经济发展的不平衡性，人口增长差异较大。发达国家及地区，人口增长较慢，而欠发达国家及地区，人口增长较快。

（2）结构。①年龄结构。不同年龄的人群其需求不同，目前人口年龄呈老龄化上升趋势。②性别结构。性别不同则需求差异较大，女性比男性更喜欢打扮。③家庭结构。家庭是市场需求的基本单位，目前家庭规模趋于小型化。④民族结构。不同的民族，其消费习俗、文化生活特点不同，决定了其差异性的需求。⑤社会结构。城市、农村人口的消费需求不同，农村是一个广阔的市场，潜力巨大。

（3）分布。由于自然地理条件及经济发展程度的影响，人口分布是不均匀的，城市人口比较集中，而农村人口相对分散。随着经济的活跃和发展，人口的区域流动性越来越大，其特点是农村流向城市，内地流向沿海。

（二）经济环境

经济环境是指企业市场营销活动所面临的社会经济条件及运行状况和发展趋势。

（1）收入。国民收入表明一个国家的经济发展水平，用来衡量一个国家居民的富裕程度。个人收入决定了消费者的购买力水平。个人收入是指个人从多种来源所得到的收入（包括工资、利息、奖金、福利、第二职业的收入、股票分红等）。各个国家及地区在收入水平和分配上差异很大。收入不同将导致消费结构不同。

（2）储蓄。消费者的消费模式还会受到储蓄的影响，近几年，我国城乡居民储蓄存款不断增加。

（3）信贷。信贷也叫信用消费，是个人金融服务的一种形式。信用消费是影响消费者购买力和支出的重要因素。我国从20世纪90年代开始发展信用消费，但进展缓慢。另外，经济发展水平、城市化程度、基础设施等均影响企业的市场营销。

（三）科技环境

科学技术是第一项目运营力。科学技术创造了很大的奇迹，对国民经济的影响巨大。每一种新科技都是一种"创造性的毁灭力量"。新的科学技术可为企业提供无限商机，有利于增强企业的竞争力，有利于企业改善经营管理，甚至能影响零售业结构和消费者的购物习惯，企业必须给予足够的重视，善于把握机会。

（四）自然环境

自然环境包括自然资源、地形地貌和气候条件。随着工业化的高度发展，企业所面临的自然环境日益恶化，许多自然资源严重短缺，对企业的发展构成了极大的威胁。企业应最大限度地利用环境变化带来的机会，尽可能避免环境变化所带来的威胁。

（五）政治法律环境

市场营销决策在很大程度上受政治与法律环境变化的影响。政治与法律环境直接与一个国家的体制、宏观政策联系起来，它规定了整个国家的发展方向及政府采取的措施。

（六）社会文化环境

社会文化环境是一个国家、地区或民族的传统文化，如风俗习惯、伦理道德、价值观念等，其具有较长期的持续性，不易改变。社会文化特征影响和制约着人们的行为，因此，企业在做市场营销决策时要充分考虑当地的传统文化，努力适应不同的市场文化环境。

二、顾客分析

管理大师德鲁克说：企业成功的秘密不在于厂商，而在于顾客。因此，企业应了解自己的顾客。顾客分析是企业市场营销活动的出发点，不同类型的顾客，其消费行为、对企业的回报、伦理道德是不同的，因此，我们首先应甄别顾客的类型。

（一）甄别顾客类型

顾客类型：①好顾客与差顾客。好顾客想方设法履行合同，而差顾客则相反。②高回报顾客与低回报顾客。一般来说，公司80%的销售利润来自20%的顾客，而绝大多数（80%）的顾客仅为公司贡献了20%的销售额或利润。这20%的顾客就是高回报顾客，而其他80%的顾客就是低回报顾客。③忠诚顾客与游移顾客。忠诚顾客固定购买某一品牌的产品，而游移顾客的购买活动则随机性较大。④现实顾客与潜在顾客。有购买能力、愿意购买的顾客为现实顾客，而想买无力购买或有能力购买不愿购买的顾客为潜在顾客。

（二）消费者市场与消费者购买行为分析

消费者市场是指为了个人消费而购买商品的个人和家庭的集合。

1. 消费者市场的特点

消费者市场是一个复杂而多变的市场，与其他类型的市场相比，具有其特殊性。

（1）购买者的分散性。消费者人数众多，分布面广，每次购买少，但购买次数较多。

（2）需求的层次性。消费者的经济实力差异较大，导致需求的层次性。

（3）需求的扩展性。人们的需求是无止境的，不会永远停留在一个水平上，随着经济的发展、消费水平收入的提高，其需求在扩展。

（4）购买的非专业性。消费者大多缺乏专门的产品知识，其购买呈非专业性购买的特点。

2. 消费者购买行为模型

在消费者购买行为模型中，我们应考查如下几个问题：

（1）哪些人构成该市场？

（2）他们购买什么东西？

（3）他们为什么购买？

（4）谁参与购买？

（5）他们如何购买？

（6）他们在何时购买？

（7）他们在何地购买？

3. 影响消费者购买行为的因素

生活在社会中，消费者的购买行为要受到众多因素的影响，主要有文化因素、社会因素、个人因素和心理因素。

（1）文化的差异将引起消费行为的差异，每一个国家的文化中又包含具体的亚文化。社会消费阶层具有典型的消费文化特性与特征，社会消费阶层是社会中按收入等级排列的具有相对同质性和持久性的群体。

（2）社会因素包括相关群体及家庭、角色与地位。相关群体是指能影响消费者购买行为的个人和集体；家庭成员在购买活动中往往起着不同的作用并相互影响；一个人在群体中的位置可用角色与地位来确定，消费者在做出购买选择时，会考虑自己相应的角色和地位。

（3）个人因素是指消费者年龄、性别、职业、收入、生活方式等对购买行为的影响。

（4）心理因素是指消费者的购买行为受到动机、知觉、学习、价值观念等心理因素的影响。

4. 消费者的购买程序

在复杂的购买行为中，消费者的购买决策由五个步骤构成。

（1）确定需求。每个消费者都有需要与欲望，消费者都会对其需要与欲望加以清理、确认，以决定是否采取和如何采取行动。

（2）收集信息。消费者会针对自己的需要与欲望收集信息。

（3）综合评价。在收集了一定数量的信息之后，消费者会对多种备选消费品进行评估。

（4）购买决策。在消费者对备选消费品进行评估后，消费者就会做出到底购买哪种产品的决策，并采取购买行动。

（5）用后感受。消费者购买后，可能获得满足，这将鼓励他今后重复购买或向别人推荐此产品；如果不满意，就会采取完全不同的做法。

（三）项目运营者市场与项目运营者购买行为分析

1. 项目运营者市场的特点

项目运营者市场与消费者市场相比有其自身的特点。诸如：①购买者的集中性。购买者的购买规模较大、购买的次数少，供需双方的关系比较密切。②项目运营者市场的需求具有派生性和波动性。项目运营者市场的需求是由消费者市场的需求派生出来的，而且随着消费而变化，如消费者饮酒的酒厂对粮食、酒瓶、酿酒设备的需求，连锁引起相关企业对化肥、玻璃、钢材等产品的需求。消费者市场的微小波动会引起项目运营者市场的巨大波动。③项目运营者市场的需求缺乏弹性。即项目运营者市场的需求受价格的影响比较小，价格下降不能引起采购，同样，价格上升也不会引起采购。采购对企业的成本控制影响较大，管理严格的企业其采购有着严密的程序和制度。一般来说，采购的数量价值越高，参与决策的人员就越多，决策的论证时间就越长。④专业性购买。项目运营者市场的购买是较理性的，采购任务由受过专门训练、具有专业知识的人员来承担。

2. 影响项目运营者购买行为的因素

项目运营者市场的购买者做出购买决策要受到许多因素的影响。影响因素主要有：①环境因素。营销环境及其变化，诸如市场需求水平、经济展望、利率、竞争状况、政治法律变革、科技变革等，都会对项目运营者市场的购买者的购买决策产生重大影响。②企业因素。如企业的经营目标、战略、采购政策、制度、程序、组织结构等。以追求低成本为目标的企业会对低价产品更感兴趣。③个人因素。参与购买的人员，其职务、地位、年龄、性格、风险态度等都会影响对采购产品和供应商的看法，从而影响购买决策。

3. 项目运营者购买行为的主要类型

根据购买行为的复杂程度，项目运营者的购买行为主要有：①直接重购。这是最简单的购买行为，是指项目运营者的采购部门依照供应商过去的供货情况订购以往采购过的产品。②修正购买。购买者要修改采购产品的规格、型号或其他条件，或者准备寻求新的供应商。③新购。这是一种最为复杂的购买类型，是指采购者首次购买某种产品。新购产品大多为一些不常购买的项目，如大型设备等。

三、竞争分析

竞争是市场经济的特征，市场竞争所形成的优胜劣汰使推动市场经济运行得强大。市场竞争说到底是企业之间竞争力的竞争，竞争者的一举一动对企业营销活动的影响极大。因此，必须研究竞争者，以求有的放矢，在激烈的竞争中求得生存。

（一）行业竞争分析

1. 竞争类型

经济学家认为，行业动态取决于需求与供给的基本情况，供求影响行业结构，行业结构又影响行业行为。行业的竞争类型有：①完全竞争行业。行业内竞争者很多，相互之间的产品差异很小，无一家企业可自主定价。②完全垄断行业。行业内仅有一家企业可自由决定供给量及价格。③寡头垄断行业。行业内只有少数几家企业，每一个决策必须判断竞争对手的反应。④垄断竞争行业。行业内竞争者比寡头垄断行业多，比完全竞争行业少，企业可部分决定价格，但定价的可变动范围很小。

2. 影响行业竞争的五种力量

供方、替代品、买方、新进入者及行业内的竞争程度，形成了影响行业竞争的"五种力"。决定企业盈利能力的根本因素是行业吸引力，五种力量的合力决定企业在行业内采取平均投资收益率的能力。

3. 竞争地位

依据各企业在行业竞争中所扮演的角色不同及其市场占有率高低，来划分企业的竞争地位。①市场领导者。拥有最大的市场占有率，在价格变化、新产品开发、促销策略等方面对其他企业起着领导作用的企业。绝大多数的行业都有一个公认的市场领导企业。②市场挑战者。具有较高的市场占有率，仅次于市场领导者。它们往往是一些相当大的企业，如汽车行业的福特公司、饮料行业的百事可乐公司。③市场跟随者。具有较低的市场占有率的企业，它们没有实力与市场领先者抗衡。④市场补缺者。那些市场占有率最低的企业，是一些规模较小的企业，无力与大、中型企业竞争，在市场上往往扮演着拾遗补阙、见缝插针的角色。

（二）竞争者分析

（1）识别竞争者。识别竞争者实际上是确定企业的竞争对手是谁。企业往往是以产品竞争观念来判别其竞争对手，即从产品角度，将能提供同类产品的企业视为竞争对手，如东方航空公司的竞争对手是南方航空公司；还可以市场竞争观念即从市场的角度来判定竞争对手，将能满足顾客相同需求的企业视为竞争对手，如东方航空公司的竞争对手还有铁路运输企业、公路运输企业等。

（2）判定竞争者的战略。企业最直接的竞争者是那些处于同一行业同一战略群体的企业。区分战略群体有助于认识如下问题：不同战略群体的进入与流动障碍不同，同一战略群体内的竞争最为激烈，不同战略群体之间存在现实或潜在的竞争。

（3）判定竞争者的目标。企业应清楚竞争者在市场上追求什么，竞争者的行为推动力是什么。竞争者的最终目标当然是利润，但每一个企业对长期利润和短期利润的重视程度差异很大。

（4）评估竞争者的优势和劣势。竞争者能否实现其目标，实施其战略，取决于竞争者的资源和能力。因此，企业应根据所获信息资料综合评估竞争对手的实力。

（5）估计竞争者的反应模式。单凭如上分析还不足以解释竞争者可能采取的行动，应继续评估竞争者的反应模式。竞争者常见的反应模式有从容型、选择型、凶暴型和随机型。

（6）选择竞争者。在了解竞争对手之后，企业就应确定与谁展开最为有力的竞争。

①强与弱之争。竞争对手有强有弱，攻击弱者，企业所耗费的资金和时间均较少，但企业的能力提高和利润的增加也较少；攻击强者，企业所耗费的资金和时间均较多，但企业的能力提高和利润的增加也较多。

②近与远之争。竞争对手有远有近，大多数企业重视同近竞争对手之争，但在摧毁近邻的同时，却招来更难对付的对手。

③良性与恶性之争。企业应明智地支持良性的竞争者，反对恶性的竞争者。

四、企业内部分析

企业内部分析亦称企业分析，是企业制定市场营销战略及策略的基础。进行企业内分析的目的在于对企业营销管理思想的反思、业绩的考察，分析企业资源的运用，以期对企业的能力有清醒的认识。

（一）影响营销战略直接性的企业内部因素

（1）营销战略定位分析。对企业所提供的产品和企业形象进行策划，并通过制定和实施有效的营销组合策略，使其能在目标市场的顾客心目中建立起独特的和有价值的位置的过程，主要是围绕产品和服务进行策划。

（2）营销组合策略。①产品策略。企业只有在产品上不断创新，使之富有特点和个性，才能在激烈的市场竞争中立于不败之地。②价格策略。尽管非价格因素在现代市场营销过程中的作用越来越突出，但价格依然是一个决定性的因素。③促销策略。促销可激发顾客的购买欲望和购买行为。④销售渠道策略。项目运营出来的产品只有通过一定的市场销售渠道，才能在适当的时间、地点，以适当的价格供应给顾客。

（3）营销组织管理。营销组织管理包括营销计划、规章制度、工作程序、人员激励、顾客服务等。

（4）营销战略绩效。绩效指标可以分为目前状况指标、计划完成性指标、历史比较指标和横向比较指标等。

（二）影响营销战略间接性的企业内部因素

（1）企业总体战略因素。营销战略是企业战略的一部分，前者是目，后者是纲。营销战略受企业战略的影响和制约。

（2）其他职能因素。企业的其他职能对营销战略也有重要影响，应作为营销战略规划的内部环境因素加以分析。

（3）企业领导因素。企业领导特别是主要领导的智商、经验、热情、能力等对企业战略具有重要的影响，当然对营销战略也有影响。但对营销战略影响最大的还是企业领导对于营销战略的知识水平和对营销战略的态度。

（4）企业文化因素。企业文化的影响虽然看不见、摸不到，但确确实实在起作用。因此，建立以战略营销为导向的企业文化并不断深化其内涵，为营销战略管理创造良好的氛围，也是企业管理的一项重要任务。

（5）企业可利用资源。资源是基础，在企业内部分析中，对人力、资金、技术、设备、信息等资源的系统分析和管理，也是必不可少的内容。

五、目标市场营销

目标市场营销也叫STP营销，其中S（Segmenting）为市场细分，T（Targeting）为目标市场，P（Positioning）为市场定位。购买者是一个庞大而复杂的整体，由于消费心理、购买习惯、收入水平、地理位置等的差异，不同的顾客对同类产品的消费需求和消费行为有较大差异。对于某一企业而言，没有能力也没有必要全都予以满足，只需满足部分顾客的部分需求即可。

（一）市场细分

1. 市场细分的概念

市场细分是指在市场分类的基础上，根据顾客需求的特点，将顾客分成不同的顾客群，这些顾客群称为细分市场。同一细分市场的顾客有着较多相似的需求，不同细分市场的顾客需求具有较大的差异性。市场细分的过程其实就是我们日常所说的求同存异的过程。

2. 市场细分的作用

（1）有利于企业发现最好的市场机会。通过市场细分，可以发现哪些市场需求已得到满足，哪些只得到部分满足，哪些未得到满足；通过市场细分，可以发现哪些产品竞争激烈，哪些产品竞争较少，哪些产品亟待开发。

（2）有利于企业提高经济效益。通过市场细分，企业可以发现最好的市场机会，确定目标市场，集中使用企业的人力、物力及财力，将有限的企业资源用于产生最大的经济效益的地方。

（3）有利于提高企业的竞争能力。企业的竞争能力受多种因素的影响而存在差异，通过有效的市场细分，可改变这种差异。市场细分后，在每一细分市场上，竞争对手的优势及劣势明显地暴露出来，企业可把握机会，攻击竞争对手的弱点，有效开发本企业的资源优势，以提高竞争能力。

3. 市场细分的标准

市场细分要依据一定的细分标准来进行，正确选择细分标准是进行目标市场营销的开始。

（1）消费者市场细分的标准。

消费者市场细分的标准可归纳为四大类：地理因素、人口因素、心理因素和行为因素。这些因素有的相对稳定，但大多数处于动态变化之中。

①地理因素。按照消费者所处的地理位置来细分市场，包括国家、地区、城市规模、地形和气候等。

②人口因素。按照人口统计变量来细分市场，包括年龄、性别、家庭规模、收入、职业、宗教、国籍等。

③心理因素。按照消费者的心理特征来细分市场，包括个性、购买动机、生活方式等。

④行为因素。按照消费者的购买行为来细分市场，包括使用场合、追求利益、使用者情况、使用频率、对产品的态度等。

（2）项目运营者市场细分的标准。

细分消费者市场的标准，有些同样适用于项目运营者市场。此外，项目运营者市场的细分还需要使用一些其他变量，常用的如最终顾客、顾客规模、采购方式、产品用途等。

（二）目标市场的选择

市场细分的目的在于有效地选择并进入目标市场。

1. 目标市场的概念

目标市场是指企业决定为之服务的细分市场。企业识别各个不同的顾客群，选择其中一个或几个作为目标市场，运用适当的市场营销组合，集中力量为目标市场服务，满足目标市场的需要。

2. 目标市场选择的程序

（1）评估细分市场的规模和潜力。在评估整个细分市场的基础上，进而详细评估每一个细分市场。

相对企业的实力，拟作为目标市场的细分市场应具有适当的规模和潜力。一般来说，大企业重视销量大的细分市场，忽视销量小的细分市场；小企业应避免进入销量大的细分市场。而缺乏增长潜力的细分市场，短期会达到饱和状态，影响企业的销量增长。

（2）评估企业在"准目标市场"的竞争能力。市场的规模、潜力均理想的细分市场未必有利可图，要考虑该细分市场的竞争情况。要创造企业的相对竞争优势，该目标市场应有一定的吸引力。

（3）企业的目标和资源。若细分市场不符合企业的发展目标，则应放弃；若企业缺乏进入该细分市场营销所必需的资源，则不宜进入。

3. 目标市场选择战略

根据企业选择目标市场的方式，可将企业的目标市场选择战略分为三种：无差异性目标市场选择战略、差异性目标市场选择战略和集中性目标市场选择战略。

（1）无差异性目标市场选择战略。企业将目标市场视为一个整体，不进行细分，项目运营单一的产品，采用单一的营销组合策略，去满足整个市场的需求。它强调需求的共性，重视需求的差异。例如，可口可乐公司在早期营销阶段只提供同一种口味、相同的包装、品牌和广告内容的可口可乐饮料。

（2）差异性目标市场选择战略。企业选择一个以上的细分市场为之服务，并根据自身需求差异，分别提供不同的产品，制定不同的营销组合策略，以满足不同细分市场的需求。例如，通用汽车公司项目运营不同型号、不同规格的汽车来满足不同收入、不同个性顾客的需求。需要注意的是，此种策略会使企业成本增加，另外，应防止过度细分市场。

（3）集中性目标市场选择战略。企业仅选择一个细分市场为其目标市场，集中力量为之服务。此战略尤其适用于资源薄弱的中小企业。企业将资源集中在某个细分市场上，实行专业化营销。企业不求在较多市场上获取较低的市场占有率，只求在少数较小市场上获取较高的市场占有率。

（三）市场定位

1. 市场定位的概念

企业通过市场细分，确定目标市场之后就要进行定位。定位是市场营销学中一个十分重要的概念。通常在目标市场上存在着许多同类产品，这些产品在顾客心目中都有着一定的位置。如何对产品进行设计，使之在目标顾客心目中与竞争对手的产品相对比能处于更有利的地位，这就是定位要解决的问题。

市场定位就是确立企业产品在目标市场上的位置，也就是企业及其产品在消费者心目中的形象。要使产品能够在消费者心目中留下深刻的印象，并且使这种印象成为消费者购买产品的动因，就要求企业的产品必须具有不同于其他企业产品的鲜明的个性和特色，而且这种特色确实能够满足消费者的某种特殊需要。因此，市场定位实际上是在市场细分基础上对被作为目标市场的细分市场进行的更深层次的剖析，是产品及企业特色的选择。通过市场定位，有利于树立企业及其产品的市场特色，使其在消费者心目中有一个与众不同的独特的形象，形成一种特殊的偏爱，从而在激烈的市场竞争中处于有利的地位。市场定位也是企业制定市场营销组合策略的基础，能使企业根据市场定位设计与之相适应的市场营销组合。

2. 市场定位的步骤

（1）确认潜在的竞争优势。企业进行市场定位时，先必须在充分研究竞争对手和自身资源积累的基础上，明确自己的竞争优势所在，这样才能充分发挥自身的优势，形成不同于竞争对手的鲜明特色。

首先，要研究竞争对手的定位情况。要了解竞争对手正在提供什么样的产品，在消费者心目中的形象如何，并估测其产品成本和经营情况。对竞争对手的研究，不仅要研究竞争对手的现状，还要深入研究竞争对手潜在的竞争优势。

其次，要研究消费者对产品的评价标准，即消费者在购买此类产品时最关注的因素是什么。在消费者最关注的环节上创造自己的特色往往最容易给消费者留下深刻的印象。企业如果能够比竞争对手更了解消费者的需要，就能针对消费者需求的核心有效地创造出自己的特色。

最后，要研究企业自身的资源积累情况。企业要作出判断，根据企业目前资源积累的情况，有可能在哪些方面创造出自己的特色；与竞争对手相比，哪些方面更具有优势并且是企业力所能及可以实现的。

（2）选择相对竞争优势。相对竞争优势是指凌驾于竞争对手之上，足以克敌制胜的比较优势。在充分研究竞争对手及自身条件的基础上，企业将进一步确定自己的竞争优势所在来进行市场定位。相对竞争优势通常来自两个方面：一是价格优势，二是产品的差别化优势。价格优势就是产品的价格比竞争对手的价格更能吸引消费者购买。价格优势来自成本优势，如果企业在降低成本方面比竞争对手有更大的优势，企业可以选择"廉价"作为自己的特色。产品差别化优势就是在产品的功能、质量、造型、服务等产品属性的某一个方面或某几个方面区别于竞争对手的产品，形成自己的特色，能够为消费者提供更大的满足，从而吸引消费者购买。那么，企业把产品的差别化作为企业特色就是可行的。需要强调的是，即使企业的优势在于产品差别化，但也必须努力降低产品成本，特别在人们收入减少、经济不景气的时候更是如此。

（3）显示竞争优势。企业特色必须是被消费者所认可、所接受的。要使企业的相对竞争优势成为企业及其产品的特色，就必须让消费者知道企业的优势所在，而让消费者了解企业竞争优势所在的最好方法就是把竞争优势体现在产品上，成为产品优势，如成本优势必须体现在企业产品价格比其他企业产品的价格更能为消费者所接受，差别化优势必须体现在产品比其他企业的产品能够为消费者提供更大的满足。总之，企业必须通过各种有效的方式加强同消费者的沟通，通过广告宣传、演示、试用等各种方法，凸显产品的特色，强化消费者对产品特色的认识和认同。

3. 市场定位方法

（1）质量、价格定位法。质量、价格定位法就是将产品的质量和价格结合起来考虑给产品定位，这是最简单、最常用的一种方法。如海尔家电产品定位于高价格、高品质，华联超市定位于"天天平价，绝无假货"，雕牌洗衣粉的广告词是"只买对的，不买贵的"。

高质高价指提供高档次的产品和服务，并制定高的价格来补偿高的成本。奔驰汽车具有优越的质量、工艺、寿命、性能和款式，价格自然也与之相配。它不仅具有上等的质量，而且给购买者带来了声望，象征着地位和高档的生活方式。

（2）利益定位法。利益定位法就是根据产品所能给消费者带来的利益或所能满足的需求来定位。比如，宝马的定位是享受快乐驾驶，奔驰则强调安全、舒适等。

（3）比附定位法。比附定位法是指攀附名牌，借名牌之光使自己的品牌生辉。例如，内蒙古的宁城老窖酒，其宣传广告是"宁城老窖——塞外茅台"，就达到了很好的定位效果。

（4）首席定位法。首席定位法就是强调品牌在同行业或同类中的领导性、专业性地位，如宣称"销量第一"。在如今信息爆炸的时代，消费者能够记住的品牌是少之又少，而对于"第一"或"冠军"基本上还能记住一些。

（5）根据竞争者定位。以某知名度较高的竞争品牌为参考点来定位，在消费者心目中占据明确的位置。

（6）根据使用者定位。这是把产品和特定用户联系起来的定位策略，它试图让消费者对产品产生一种量身定制的感觉。如Levi's牛仔服的目标市场是男性，而Lee牌牛仔服则专为女性开发。

第三节 现代企业市场营销组合策略

市场营销组合策略是企业市场营销理论的重要组成部分，企业必须围绕着其目标市场来制定市场营销组合策略。

一、产品策略

产品策略是市场营销组合策略的基础，若没有产品策略作为基础，其他定价、促销及渠道策略都无从谈起。

（一）产品的整体概念

现代市场营销学大师科特勒认为，产品是指提供给市场，能满足某种欲望和需要的所有东西。产品的整体概念包含核心产品、形式产品和附加产品三个层次。

1. 核心产品（实质产品）

核心产品是指向顾客提供的基本效用和利益，是顾客真正要买的东西，是产品的整体概念中最基本、最主要的部分。消费者购买某种产品，并不是为了获得产品本身，而是为了满足某种特定的需求。

2. 形式产品

形式产品是指核心产品的实现形式，是其展现的全部外部特征，包括产品的质量、外观、特色、品牌、包装等。产品的基本效用必须通过某些具体的形式才能得以实现，因此，企业在设计产品时，应着眼于用户所追求的核心利益，同时，也要重视如何以独特的形式将这种利益呈现给用户。

3. 附加产品

附加产品是指顾客在购买产品时所得到的附加服务和利益，包括服务、保证、信贷、免费送货等。不同企业提供的同类产品在核心产品和形式产品层次上越来越接近，企业要赢得竞争优势，应着眼于比竞争对手提供更多的附加服务和利益。

核心产品、形式产品和附加产品作为产品的三个层次，是不可分割且紧密相连的，它们构成了产品的整体概念。其中，核心产品是基础，是本质；核心产品必须转变为形式产品方可得以实现；在提供产品的同时，还须提供广泛的附加服务和利益，形成形式产品。

（二）产品的生命周期

任何产品在市场上都不会万寿无疆，有其诞生之时，就有其衰亡之日。产品有其成长规律，这就是产品的生命周期。其在市场上的销售情况及获利能力随着时间的推移而变化，这种变化的规律就像人和其他生物的生命一样，从诞生、成长到成熟，最终走向衰老死亡。这个过程在营销学中是指产品从投放市场开始到被市场淘汰，企业停止项目运营，最终退出市场为止所经历的全部时间。

产品生命周期是指产品的市场寿命，是产品在市场上存在的时间，其长短受顾客需求变化、产品更新换代的速度等因素的影响。产品只有经过研制开发、试销，然后进入的生命才算开始。产品退出市场，标志着其生命周期的结束。产品的生命周期一般可划为四个阶段：导入期、成长期、成熟期及衰退期。

产品生命周期各阶段的划分是相对的，是以产品销售额和利润额的变化为根据的。需要说明的是，不同产品的生命周期是各不相同的。例如，汽车的生命周期已有上百年的历史，至今尚未结束，而时装的生命周期只有短短的几个月；由于经济发展不平衡，同一种产品在不同的国家，甚至不同的地区，其生命周期可能处于不同的阶段；并非所有产品的生命周期都有完整的四个阶段。产品在其生命周期的不同阶段有其不同的特点，企业对此必须有清醒的认识，并针对各阶段的各自特点，分别制定不同的营销策略。

（三）新产品的开发

随着科学技术的进步，产品的生命周期越来越短，新产品的开发成为企业竞争能力的基本标志。

市场营销学中所说的新产品是从市场和企业两个角度来认识的。对市场而言，第一次出现的产品即为新产品；对企业而言，第一次项目运营销售的产品为新产品。根据新产品的范围分类，可分为世界级新产品、国家级新产品、企业级新产品；依据新品的新颖程度分类，可分为全新型新产品、换代型新产品、改进型新产品、仿制型新产品。新产品的开发方式很多，归纳为以下几个方面。

（1）创新（自行研制）。创新是新产品开发的一种重要方式，可分为从基础理论研究开始，经过应用研究和开发研究，直到试制成功新产品，并投放市场。

（2）移植（引进）。移植是新产品开发的又一重要方式，也是经济技术较落后的国家发展经济、赶超世界先进水平的成功经验。需要指出的是，在引进的基础上，必须做好引进项目的吸收与消化工作，绝不能总跟在别人的后面跑。

（3）改进。改进原有产品，使之具有新的功能和新的用途，亦是新产品开发的又一方式，这种方式投资少、见效快。

各个企业可以根据自己企业的具体情况，选择不同的新产品开发方式，可以重点选择某一种方式进行新产品的开发，也可以同时选择几种新产品的开发方式。

（四）产品的品牌、包装及服务策略

1. 品牌策略

品牌是指用于识别产品的名称、术语、符号、象征或设计，或是它们的组合，其目的是不同的产品区别开。品牌的含义有：①品牌名称，指品牌中能够用语言表达的部分；②品牌标志，指品牌中可被识别，而不能用语言表达的部分，包括符号、图案、色彩及文字；③商标，指企业依法在政府有关管理部门登记注册并取得专用权的品牌或品牌的一部分。

品牌是有价值的，它是企业的无形资产，知名品牌的价值甚至超过企业的有形资产，不同品牌的价值差异很大。

企业在制定品牌策略时，须作如下决策：①品牌化策略。决策企业是否需要使用品牌，若需要使用，制定何种品牌。②品牌使用者策略。决策使用谁的品牌，企业可以使用自己（制造商）的品牌、中间商的品牌，也可混合使用前两者的品牌。③品牌数量策略。使用多少品牌，诸如个别品牌策略、统一品牌策略、分类品牌策略及企业名称加个别品牌策略。④品

牌延伸策略。决策企业是否利用其成功品牌的声誉来推出改进产品或新产品。品牌延伸通常有两种做法——纵向延伸和横向延伸。⑤品牌重新定位策略。由于某些市场情况发生变化，而对产品品牌进行重新定位。

2. 包装策略

传统的市场营销学中谈及的包装是一种静态的含义，包括包装物、装潢以及标签。包装的主要作用是保护产品，这是包装最原始和最基本的功能。另外，要便于运输、携带和储存，应具有美化产品、促进销售的功能。一流的包装可增加产品附加值，提高企业收入。具体的包装策略包括类似包装策略、差异包装策略、配套包装策略、复用包装策略、包装策略、附赠品包装策略、改变包装策略等。需要注意的是防止过度包装，依照国际通行标准，包装成本一般不超过产品成本的15%，最多不超过20%。

3. 服务策略

在产品差异越来越小的情况下，企业之间的竞争更多地体现在服务方面，服务的内容包括售前服务和售后服务。

售前服务是指产品购买之前的各项服务工作，包括为消费者介绍产品，提供各种技术咨询。售后服务是指产品销售以后的各项服务工作，包括安装调试、提供维修、提供零件、技术培训、特种服务等。服务的方式主要有固定服务和流动服务。

二、价格策略

在营销组合策略中，价格是唯一能产生收入的因素，因此，科学而艺术的定价是产品成功进入市场的重要因素之一。现代市场营销理论认为，产品的最高价格取决于产品的市场需求，产品的最低价格取决于产品的成本；在最高价格与最低价格的幅度内，企业对产品的定价取决于竞争者同类产品的价格。

（一）影响定价的因素

影响企业定价的因素有两类：一类是企业不可控制因素，包括社会劳动项目运营率、市场的供求关系、社会经济状况、价格弹性、顾客需求、竞争者行为、市场结构、政府干预等；另一类是企业可控制因素，包括产品成本、产品特征、销售渠道与促销宣传、企业的整体营销战略与策略及企业的定价目标等。

（二）定价方法

企业常用的定价方法有三类，分别是以成本为导向、以需求为导向、以竞争为导向的定价方法。成本定价法是以成本为基础，加上一定的利润来制定价格。企业处在不同的市场营销环境中，需要补偿的成本有所不同，因而选择不同的成本，就形成了不同的成本定价法，诸如成本加成定价法、盈亏平衡定价（保本）法、目标收益定价法和变动成本定价法。需求定价法是以顾客对产品价值的感受和需求强度来定价，而不是依据卖方成本来制定价格，具体有理解价值定价法和差别需求定价法。竞争定价法是依据竞争者的价格为基础进行定价，使本企业的产品价格与竞争者的价格相同或保持一定的距离。常用的方法有随行就市定价法和投标定价法。

（三）定价策略

企业在市场营销的过程中，为了更好地发挥价格手段的作用，尚需制定一定的价格策略，以提高企业的整体效益。

常用的定价策略有：①新产品定价策略，包括撇脂定价策略、渗透定价策略和满意定价策略。②折扣定价策略，如数量折扣、回款折扣、季节折扣、企业给购买过季产品顾客的价格折扣。有的产品是常年项目运营，通常会采用季节折扣和功能折扣。③心理定价策略，如尾数定价、整数定价、声誉定价、招徕定价、组合定价和分档定价等。④地理定价策略，包括产地交货定价策略、统一交货定价策略、分区定价策略、减免运费定价策略和基点定价策略。

三、促销策略

促销的实质是企业与顾客之间的信息沟通。促销是企业对顾客所进行的信息沟通活动，通过向顾客传递企业和产品的有关信息，使顾客了解和信赖企业。

促销的方式主要有两类：一是人员促销，是指派出推销员进行推销活动；二是非人员促销，具体分为广告、营业推广、公共关系。

各种促销方式的主要特点如下：①人员促销。人员促销适用于企业与顾客的直接沟通，直接传达的信息可以随机应变；人与人之间的沟通，可以培养企业与顾客之间的感情，以便建立个人友谊及长期的合作关系，亦可迅速反馈顾客的意见及要求。②广告。广告是一种高度大众化的信息传递方式，其渗透力强，可多次重复同一信息，便于人们记忆。③营业推广。此种促销方式的沟通性极好，通过提供信息引诱顾客接近产品；以提供奖励的方式，对顾客具有直接的激励效应；通过提供优惠，对顾客能产生招徕效应。④公共关系。公共关系具有较高的可信度，其传达力较强，容易使顾客接受，可树立良好的企业形象。

（一）人员促销策略

促销人员直接与广大顾客接触，他们不仅是企业的代表，还是顾客的顾问和参谋，因此，他们必须具有良好的素质和能力。

对促销人员的素质要求：①政治素质高。促销人员要具有较强的事业心和责任感，具有良好的职业道德，遵纪守法。②业务素质好。促销人员要了解企业知识，掌握产品知识，熟悉顾客知识，具有较高的推销技巧。③身体素质棒。促销人员不仅要有健康的体魄，而且应注重自己的仪表和不凡的举止谈吐。促销人员应具备的能力包括敏锐的观察能力、良好的创造能力、广泛的社交能力、快速的应变能力，以及恰到好处的表达能力。

（二）广告策略

广告作为促销方式之一，是一门独特的综合艺术。虽然说做广告不一定能使产品成名牌，但若无广告的支持，产品就难以成为名牌。

"广告"（Advertising）一词源于拉丁语，意思是"诱导""注意"。美国市场营销协会为将广告与其他促销方式严格区别，曾对广告给出如下定义："广告是由明确的发起者以公开支付费用的做法，以非人员的任何形式，对产品、服务或某项行动的意见和想法等的介绍。"即广告是企业以付费的方式将有关的市场信息通过一定的媒体（媒介）传递给目标顾客。

广告媒介主要有四大类：①印刷类，诸如报纸、杂志、印刷品、传单、海报、产品说明书等。②收听类，包括广播、电视。③网络类，在互联网上做广告。④其他类，含路牌、灯箱、交通、代销点等。选择何种广告媒介，必须综合考虑目标顾客、产品特点、媒介费用与企业支付能力、媒介覆盖范围、接收广告的次数等因素。

（三）营业推广策略

营业推广是一种非经常、非规则的特殊促销方式，它可以刺激顾客的需求，吸引顾客前来购买产品。

营业推广的形式多种多样，针对不同的促销对象，其形式不同，大致可分为三类。①针对消费者的营业推广，常见的推广形式有免费样品、优惠券、特价包装、礼品券、赠品。②针对中间商的营业推广，常见的形式有价格折扣、推广津贴、承担促销费用、产品展示、销售竞赛等。③针对推销人员的营业推广，常见的形式有销售提成、销售竞赛、物质奖励、精神奖励、提供培训学习的机会等。

（四）公共关系策略

公共关系是指企业运用传播手段使自己适应环境和使环境适应自己的一种活动。在市场营销中，良好的公共关系有助于企业在市场上争取中间商及目标顾客的了解、支持、信任，以树立企业的良好信誉和形象。公共关系强调通过与公众搞好关系和树立企业的良好形象，达到促进销售的目的，这是一种间接的促销手段。

第四章　项目管理考核与物流对接

第一节　物流和企业物流

物流的概念和理念随着社会经济的进步及科学技术的飞速发展正在发生深刻的变化。企业物流是项目运营经营活动的重要组成部分，具有其自身的构成要素和特点，提高企业物流的管理水平对于创造利润、增强市场竞争力具有重要的意义。

一、物流与现代物流

"物流"是"物的流通"一词的简称，意思是具有物理性质的流通。1986年，美国物流管理协会对物流（Logistics）所做的定义是："物流是以满足客户需求为目的的，为提高原料、在制品、制成品，以及相关信息从供应到消费的流动和储存的效率和效益，而对其进行的计划、执行和控制的过程。"由此可以看出，当前提到的物流的特点是突破了商品流通的范围，把物流活动扩大到项目运营领域，因此，有人称为供应链。现代物流是人们为满足某种需要而组织社会物质运动的总称，是货物流动、信息传递、价值增值等的过程。功能整合、过程整合和资源整合是物流理念最本质的核心内容。

现代物流活动是由一系列创造时间价值和空间价值的经济活动，如需求预测、订单处理、客户服务、分销配送、物料采购、存货控制、交通运输、仓库管理、工业包装、物资搬运、工厂和仓库或配送中心的选址、零配件和技术服务支持、退货处理、废弃物和报废产品的回收处理等组成的，具有实质流动、实物存储、信息流动和管理协调四个关键组成部分。物流始终伴随着采购、项目运营和销售的价值链过程，是交易和项目运营过程中必不可少的重要组成部分，从这一角度出发，物流具有以下特点。

（1）系统性。物流是一个完整的运作过程，各个物流环节以及物流要素有机关联组成动态的物流系统，又包含了物的流通和信息的流通两个子系统。同时，作为社会流通系统的重要组成部分，物流与商流、资金流和信息流具有同等重要的价值，它不是完全独立的领域，受到多种因素的制约。

（2）复杂性。物流系统拥有大量的资源，包括物质资源、人力资源、资金占用等，单就物的流通中所包含的运输、保管、包装、流通加工等环节来看，也不是简单的流程，而是具有复杂结构的物流链。在物流活动的过程中，又贯穿着大量的信息流动，收集处理也非常复杂。同时，基于实现价值增值的目标，对物的流通和信息流通的集成要求越来越高，也不断增加着物流的复杂性。

（3）高成本。在物的流通环节就包含了运输、保管、包装、装卸和流通加工等综合成本，在信息流通中，信息量的急剧增长和大量先进技术的运用，使成本不断增加。由于物流高昂的成本，才被视为降低成本的"第三利润源泉"，同时由于其价值增值的功能，才使得现代物流系统获得越来越多的资金投入。

（4）项目运营和营销的纽带。在社会流通中，通过物流活动架起了企业通向市场、服务客户的桥梁，相应的物流功能性活动跨越了项目运营和销售领域。

二、企业物流管理和任务

1. 企业物流及其管理的内涵

（1）企业物流。企业是为社会提供产品或服务的经济实体，企业物流是指在项目运营经营过程中，物料从原材料供应，经过项目运营加工到产出成品和销售，以及废弃物的回收利用的完整循环过程。

企业物流按照企业的业务性质可以分为两类，即项目运营企业物流和流通企业物流。我们在本章中所讨论的主要是前者，所以上述的概念也主要是针对项目运营企业而确定的。

企业物流的作业目标是快速反应、最小变异、最低库存、追求质量及整合运输等，总之是追求企业物流的合理化，提高企业物流的管理水平，对于创造利润、增强市场竞争力具有重要的意义。

（2）企业物流管理。企业物流管理是企业对所需原材料、燃料、设备工具等项目运营资料进行组织采购、供应、保管、合理使用等各项工作的总称。企业物流管理根据物资运动过程的不同阶段，可分为供应物流管理、项目运营物流管理、销售物流管理、回收物流管理等，内容极为丰富，本章只能择要介绍。从物流要素角度又可分为运输管理、储存管理、装卸搬运管理、包装管理、流通加工管理、配送管理、信息管理及客服管理等。

2. 企业物流管理的基本任务

企业物流管理的基本任务是自觉运用商品价值规律和遵循有关物料运动的客观规律，根据项目运营要求全面地提供企业所需的各种物料，通过有效的组织形式和科学的管理方法，监督和促进项目运营过程中合理、节约地使用物料，以达到确保项目运营发展、提高经济效益的目的。

（1）通过科学的物料供应管理，控制物料的供需。企业所需的物料品种繁多，数量各不相同，又需要通过其他许多项目运营和供应的活动来实现，所以要在认真调查本企业的实际需要和做好物资信息的收集、反馈的基础上，科学地采购供应物料，保证有计划、按质、按量、按时、成套地供应企业所需要的物料，以保证项目运营正常进行。

（2）通过科学地组织物料使用，控制物料的耗用。企业的产品成本中物化劳动部分占比60%~80%；物料储备资金占企业全部流动资金的60%以上。因此，在提供实物形态的各种物料的过程中，降低产品成本便成为物流管理的重要任务之一。这就需要在保证质量的前提下，尽量选用货源充足、价格低廉、路途较近、供货方便的货源，制定先进合理的物料消耗定额，搞好物料的综合利用，努力降低单耗。

（3）通过合理地组织物料流通，控制物料的占用时间。积极推广、应用现代科学技术，提高物料采、运、供、储等各项业务工作水平。物料管理工作的科学性是保证物料供应、提高工作质量和效益的关键。因此，要在系统规划的基础上，提高员工的思想、技术素质，激发他们的积极性、创造性；广泛采用先进技术和工具，加快有关作业的标准化、机械化、自动化进程；不断完善工作方式与方法；认真改进有关的计量检测手段，使各项业务工作日益现代化。

第二节　物料采购与供应管理

物料的采购和供应历来就是项目运营的前提，人们习惯上把位于项目运营物流前的物流活动统称为供应物流，包括确定物料需求数量、采购、运输、流通加工、装卸搬运、储存等活动，而供应物流不仅仅是保证供应的问题，也是以最低成本、最少消耗、最快速度来保证项目运营的物流活动，因此，有效解决供应商、供应方式等问题尤其重要。

一、物料供应计划

随着全球采购、在线采购、供应链管理等的兴起，企业物料采购的流程也在不断重组，但系统的基本流程仍然适用于许多物料采购活动。

其中，企业物料供应计划是企业组织采购的重要依据，其主要内容包括以下方面。

1. 确定物料需用量

企业物料的需用量是指计划期内保证项目运营正常进行所必须消耗的经济合理的物料数量，是按照每类物料的品种、规格、用途分别计算的，其基本方法是直接计算法，即根据计划项目运营数量和物料消耗定额来确定，比较准确，应尽量采用，其计算公式如

某种物料需用量=计划产量×（1+废品率）×单位产品消耗定额−计划回用

废品数量

另外，还有间接计算法，又称比例计算法，是按一定的比例、系数来估算物资需用量，主要用于不适合制定消耗定额的物料或用量不大的辅料，也可用于项目运营计划确定前的估算。其基本公式如

某种物料需用量=上年实际消耗量／上年产值×计划年度产值×（1−可能降

低的百分比）

2. 期初库存和期末库存量的确定

期初库存量一般是根据编制计划时的实际盘点数，以及预计到货量和耗用量计算出来的，其计算公式如

计划期初库存量=编制计划时实际库存量+计划期初前到货量−计划期初前

耗用量

期末库存量是根据供应情况和项目运营任务来预算的。在实际工作中，期末库存量通常采用50%~75%的经常储备量加上保险储备量来确定。

二、准时采购方式与供应

在传统的物流供应流程中，在确定供应商后，还需要订货、订货跟踪、验收入库、发放供应等流程，其中后两项比较复杂，还产生相应的搬运、储存问题。例如，物料的验收入库，要把好数量关、质量关和单据关，无误后才能办理入库登账立卡等手续，并将入库通知单连发票、运单等一起送交财会部门。物料的发放供应比较普遍推行的是定额供料制度，

仓库按定额供料凭证所列的品种、规格、数量、质量要求供料；对超定额要求补发的物料，必须经过规定的审批手续才能补发。而新兴的准时采购与供应方式相比之下有较大的优越性。

1. 准时采购与供应的含义和特点

准时（Just-in-Time）战略源于多品种小批量项目运营线的项目运营要求，是为了项目运营中消除浪费而进行持续性改进的结果。在JIT中，要保持项目运营物流的连续性、平行性、节奏性、柔性等组织项目运营的要求，位于项目运营物流前端的采购物流必须是准时化的。企业从"准时"的战略高度重视其采购、项目运营、销售各环节，就形成了准时采购、准时供应战略。

准时采购与供应是准时化项目运营系统的一个重要部分。其基本思想是制造商与供应商签订"在需要的时候，向需要的地点，提供能保证质量的所需要数量的物料"的协议。这意味着供应商可以随时向制造商提供采购物料。与传统的早在项目运营之前就把采购物料大批量送到企业仓库的采购和供应方法相比，准时采购、准时供应的核心要素有减小批量、频繁而可靠地交货、提前期压缩并且可靠、一贯地保持采购物料的高质量。

2. 准时采购与供应的物流体系

在由一系列供应商、制造商（采购商）组成的供应链中，准时项目运营是缩短项目运营周期、降低成本和库存，同时又能以最快的交货速度满足客户需求的有效做法，而供应商的"准时供应"则是"准时项目运营"的关键所在。采购供应的速度、效率、订单的执行情况会直接影响到本企业是否能够快速灵活地满足客户的需求。

（1）准时采购与供应的物流体系是建立在以订单为驱动力的采购流程。在传统的供应模式中，采购的目的是补充库存，即为库存采购。所以物流往往是从供应商仓库到制造商的仓库，再根据项目运营计划从仓库到项目运营工艺各个环节。在这个过程中，物料的搬运、等待时间占去了产品项目运营周期的大部分时间。物流费用也很高，直接增加了项目运营成本。而如果是以订单为目的采购，即项目运营制造订单的需求是在客户的需求订单的驱动下产生的，则相对而言，物流可以直接从供应商项目运营线到制造商项目运营线（前提是供购双方作为一个利益共享的供应链上的上下游关系，且都具备了JIT的理念和运作能力）。于是，由于"恰到好处"的流动，物流费用就在准时响应用户需求的同时减少了。最终，库存为零是准时采购与供应的"最高境界"。

为此，需要对制造商的采购活动进行以下几个方面的改进和提高。

①和供应商建立一种新的、有不同层次的、长期的、互惠互利的固定合作关系。

②通过提供信息反馈和教育培训，促进供应商准时采购与供应的物流体系质量改善和质量保证。

③参与供应商的产品设计和产品质量控制过程。

④协调供应商的资源分配计划。

为此，对供应商的供应活动也有以下几个方面需要进行改进和提高。

①协助拓展制造商的多种策略，对制造商出现的问题做出快速及时的反应。

②及时报告所发现的可能会影响用户服务的内部问题。

③保证高质量的售后服务。

④基于用户的需求，不断地改进产品和服务质量。

（2）准时采购的物流体系的建立应满足以下原则。

①灵活。物流体系能够快速适应需求量波动及需求结构的改变，并能方便地进行调节。

②连续。物料从供应商连续不断地向制造商流动，不断消除不连贯流程，达到物流无"瓶颈"的状态。

③简洁。整个厂内物资移动距离应尽可能短，路线清晰明确，以减少遗失、受损及工时消耗。

④均衡。物料在采购、项目运营、销售各环节之间分别建立各自的流量单位及节拍，通过各环节的转换，大体上有一个波幅不大、频率均匀的线性流量，步调一致，且具有自我调节功能，以便能在事前、事中和事后削峰填谷。

三、物料需求计划（MRP）

物料需求计划（Material Requirement Planning，MRP）于20世纪60年代初期出现在美国，是一种应用计算机来计算物料需求和项目运营作业计划的一种科学方法。长期以来，制造业在传统项目运营方式下项目运营成本高、周期长，传统的项目运营和管理方式使企业资源利用处于比较低的水平。同时，传统的项目运营、管理方式由于数据管理不统一，信息传输不及时，计划调整能力差，零部件套性差，使企业准时交货率低，企业对市场应变能力差，从而出现企业产值增长但效益下降的逆向反差。

美国著名项目运营管理和计算机应用专家欧·威特和乔·伯劳士在20世纪60年代对20家企业研究后提出MRP的方法。由于运用MRP不需要高深的理论和复杂的数学方法，因而得到美国项目运营和库存管理协会的大力推广，并迅速被美国企业应用。

我国自20世纪70年代开始对MRP引进、介绍以来，目前已有很多企业试用MRP的项目运营管理方法。随着改革开放的深化，企业越来越认识到现代项目运营管理技术对实现企业管理现代化的重要作用。随着MRP管理思想和方法在企业的应用，必将提高我国的企业管理水平和经济效益，增强企业的市场应变能力。

1. MRP的基本原理

物料需求计划的基本原理是根据产品的项目运营量计算出构成这些产品的零部件与原材料的需求量与需求时间，根据物料需求的时间和项目运营（订货）周期确定各零部件开始项目运营（订货）的时间。当计划的执行情况有变化时，还能根据新情况分别轻重缓急，从而调整项目运营优先顺序，重新编制出符合新情况的作业计划。

物料需求计划的内容是编制零件的项目运营（采购）计划。然而要正确编制零件项目运营（采购）计划必须首先落实产品的出产进度计划，即主项目运营计划（Master Production Schedule，MPS），这是MRP展开的依据。MRP还必须掌握产品的零件结构，即物料清单（Bill of Material，BOM），才能把主项目运营计划展开成零件计划。同时，必须掌握库存数量，才能准确计算出零件的采购数量。因此，MRP的依据是主项目运营计划、物料清单和库存信息。

物料需求计划的目标是保证按时供应用户所需产品，及时取得项目运营所需要的原材料及零部件；保证尽可能低的库存水平；保证企业各项目运营单位项目运营的零部件、外购配套部件的供应在时间和数量上与装配需求紧密衔接。

2. MRP的工作程序

运用MRP主要在于计算工作量大，并不需要很深的数学方程式，其工作原理和步骤大致如下。

（1）编制项目运营计划和主项目运营计划。运用MRP主要依据项目运营计划大纲规定的主项目运营计划，在计划中应明确规定项目运营的产品品种、数量、规格、交货日期等资料。

（2）编制产品结构图和各种材料、零部件明细表。产品结构图是从最终产品出发，将其作为一个系统来考虑，即其中包含多少个零部件，每一个产品从总装、部装、部件、零件分成几个等级层次，而每一层次的零部件又由多少个小零件所组成。产品结构越复杂，零部件等级层次越多，其所需的各种材料和零部件越具体。

（3）正确掌握材料、零部件库存资料。包括各种材料、零部件实际库存量、安全储备量等资料。其实际库存量应通过实际盘点来解决，以保证库存数据的正确性。如果库存资料发生错误，必将影响MRP计算的准确性。

（4）规定各种材料零部件的采购交货日期、订货周期、订购批量。交货日期应以保证项目运营作业计划进度要求，订货周期按供应条件实际需要确定，订购批量可以按经济批量法确定或按计划要求不限批量。

（5）经MRP计算，确定各种物料总需要量和实际需要量。其中，总需要量按产品结构图和明细表逐一计算得出，实际需要量就是总需要量扣除实际库存量。

（6）按照物料实际需要量、订购批量和订货周期，发出采购通知单。如果物料中某些零部件属于自制项目运营的，应向有关项目运营部门发出项目运营指令。

第三节　项目运营物流管理

物料一旦进入项目运营过程即成为在制品，它按照产品项目运营工艺的顺序，经过各个项目运营环节、各道工序的加工，由半成品变为制成品。在我国，企业的物料消耗费用一般要占到产品成本的70%以上。项目运营阶段，物流管理是整个物流过程中十分关键的一环，其控制物耗，充分发挥物资的效能，直接决定着企业经济效益的高低。物料消耗定额指在一定的项目运营技术组织条件下，制造单位产品或完成单位项目运营任务所需消耗的物料数量标准。先进合理的物料消耗定额不仅是编制物料供应计划的重要依据，也是科学地组织物料发放工作的重要依据；此外，先进合理的物料消耗定额结合必要的考核和奖励办法能促使职工更合理地使用物料、节约物料。先进合理的物料消耗定额是建立在先进的技术水平和管理水平基础上的。随着定额的贯彻执行和不断改进完善，也能促使企业不断改进设计和工艺，改善项目运营组织和劳动组织，提高工人的操作水平。

一、消耗定额的构成和制定

1. 物料消耗定额的构成

物料消耗定额的构成是指从取得物料直到制成成品为止，整个过程中物料消耗的各个组成部分，包括：①构成产品（零件）净重的消耗，属于物料有效消耗部分。②工艺性损耗，是指在加工过程中由于改变物料物理、化学成分所产生的物料消耗，如下料过程中的料头、边角余料，锻造中产生的氧化铁等。可通过工艺水平的提高而降低消耗。③非工艺性损耗，是指由于项目运营中产生废品、运输保管不善等非工艺技术原因产生的耗损，是由于管理不善造成的，应力求避免或减少到最低限度。

根据以上物耗构成，物料消耗定额可分为工艺消耗定额和物料供应定额两种。工艺消耗定额仅包括产品净重和工艺性消耗两部分，是发料和考核的依据。物料供应定额是在工艺消耗定额的基础上按一定比例加上各种非工艺性消耗，它是企业计算物料申请量和采购量的依据。

工艺消耗定额和物料供应定额可用下列公式表示

单位产品（零件）工艺消耗定额=单位产品（零件）净重+各种工艺性消耗的重量

单位产品物料供应定额=工艺消耗定额×（1+材料供应系数）

材料供应系数=单位产品非工艺性消耗÷工艺消耗定额

2. 物料消耗定额的制定

物料消耗定额的制定有技术计算、统计分析和经验估计三种基本方法。技术计算法是根据产品图纸和工艺文件计算物料的有效消耗和工艺性消耗，从而确定合理的消耗定额。这种方法科学、准确，但工作量大。统计分析法是根据过去的物料消耗统计资料，并考虑到现在和未来项目运营技术条件的变化而制定出物料消耗定额的方法。这种方法简便且有依据，但必须具备全面可靠的统计资料。经验估计法是根据产品实物与技术文件，凭技术人员、管理人员和工人的经验判断来确定物料消耗定额的方法。这种方法简便易行，但不够准确。在实际工作中，往往把上述方法结合起来运用。

在实际项目运营中，物料消耗定额是按主要原材料、辅助材料、燃料、动力、工具等分别制定的。由于各企业的工艺性质不同，制定的具体方法各不相同。

定额制定以后，应该加以整理、汇总，形成必要的定额文件，作为施行定额管理的依据。物料消耗定额一经确定，就应严格执行。应建立完善的责任制度，项目运营部门要按定额领料和用料，在项目运营任务完成后，要结合经济活动分析，进行物料消耗分析。工艺技术部门要编制各种产品的下料卡片和制定节约物料的技术组织措施。物料部门要按定额采购和供应物料，并配合财务部门检查分析定额执行情况的准确程度和物料利用率等。财务部门要按定额编制产品成本计划，分析财务活动，并从经济上促进定额的严格执行。为了贯彻执行定额，还必须建立和健全物料损耗的原始记录和统计工作制度。要随着技术组织条件的变化，或者产品的设计和原料配方的改变，适时地修改定额，使之保持先进合理的水平。

二、降低项目运营物料消耗的主要途径

降低项目运营物料消耗的主要途径如下所述。

（1）改进产品设计和产品结构。其作用主要在于降低单位产品的物料消耗标准。在保证和提高产品质量的前提下，设计出重量轻、体积小、功能高的产品，就能从根本上节约物料耗用，因而这是控制物料消耗最积极、最主要的途径。直接或间接地节约物料消耗：通过降低产品净重，做到功能不变，消耗下降，成本下降；通过提高产品的使用价值，做到消耗不变，成本不变，功能提高；通过改革产品结构，做到功能不变，零件减少，消耗降低。

（2）采用先进工艺，减少工艺性损耗。工艺性损耗是物料消耗的一个重要构成部分，采用先进工艺，尽可能减少工艺性损耗，就可以更好地降低物料消耗。比如，在机械制造厂中，采用少切削、无切削的加工方法，如模锻代替自由锻造、采用粉末冶金、精密铸造、精密锻造等新工艺，不仅能大量节约金属材料，节约加工工具和机床设备，而且还能提高产品质量和劳动项目运营率。

（3）采用新材料和代用料。在保证产品质量的条件下，研究采用新材料和代用料，是减少物料消耗、降低产品成本的重要措施。因此，企业要尽量采用资源多的材料代替资源稀缺的材料，一般金属材料代替贵金属材料、合成材料代替金属材料、边角余料代替整料等。

（4）实行集中下料，推广下料方法。能从全局需要着眼，最大限度地减少边角余料，提高材料的利用率。

参考文献

［1］徐国华. 管理学［M］. 北京：清华大学出版社，2010.

［2］黄顺春，廖作鸿. 现代企业管理教程（第2版）［M］. 上海：上海财经大学出版社，2007.

［3］王关义，刘 益. 现代企业管理（第2版）［M］. 北京：清华大学出版社，2007.

［4］臧有良，暴丽艳. 管理学原理［M］. 北京：清华大学出版社，2007.

［5］易明，邓卫华. 客户关系管理［M］. 武汉：华中师范大学出版社，2008.

［6］张群. 项目运营管理［M］. 北京：高等教育出版社，2006.

［7］黄梯云. 管理信息系统（第3版）［M］. 北京：高等教育出版社，2005.

［8］黄静主. 品牌管理［M］. 武汉：武汉大学出版社，2005.

［9］吴雪林. 目标成本管理［M］. 北京：经济科学出版社，2006.

［10］王晓辉. 现代企业管理［M］. 北京：北京工业大学出版社，2006.